11.5.04

33
37
38

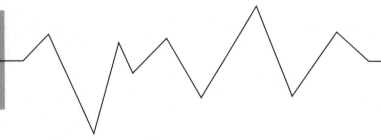

Recht
Wirtschaft
Finanzen

Deutscher
Sparkassenverlag

Peter Wagner
Unser Lohn kommt vom Kunden

Kundenorientierung. Mitarbeiterbeurteilung. Erfolgsbeteiligung

Deutscher Sparkassenverlag Stuttgart

Reihe Recht, Wirtschaft, Finanzen
Abteilung Management

Die Deutsche Bibliothek – CIP-Einheitsaufnahme

Wagner, Peter:
Unser Lohn kommt vom Kunden: Kundenorientierung,
Mitarbeiterbeurteilung, Erfolgsbeurteilung / Peter Wagner. – Stuttgart:
Dt. Sparkassenverl., 1997
    (Recht, Wirtschaft, Finanzen: Management)
    ISBN 3-09-301130-2

© 1997 Deutscher Sparkassenverlag GmbH, Stuttgart
Alle Rechte vorbehalten
Lektorat: Dr. Sybille Gößl
Satz: Steffen Hahn GmbH, Kornwestheim
Druck und Binden: Kösel GmbH & Co., Kempten
Visuelles Konzept: A. Hemm, Typografie Stulle, Stuttgart
Papier: aus 100 % chlorfrei gebleichtem Zellstoff
Printed in Germany
I-9/1997 ≙ 305 888 000
ISBN 3-09-301130-2

4

*Am ersten Tag einer Klassenfahrt an die Ostsee
sagte der Lehrer:* »*Ihr könnt jetzt eine Stunde
schwimmen gehen.*« *Da schwammen sie alle, die
einen nach rechts, die anderen nach links, und
manche nach vorne.*

Am zweiten Tag sagte der Lehrer:
»*Schwimmt mal alle zum Leuchtturm da vorne!*«
Da schwammen alle in die gleiche Richtung.

Inhalt

7

Der Strukturwandel fordert die »neue« Bank – und weiterentwickelte personalwirtschaftliche Instrumente

In dem heftigen Strukturwandel, der in den Märkten der Banken mit Nachdruck um sich greift, stehen diese am Scheidewege. Aus den (zeitweise von stürmischem Wachstum geprägten) *Verkäufer*märkten sind (in eher stagnierenden Märkten) *Käufer*märkte geworden. Wenn der Kuchen nicht mehr größer wird, wird der Wettbewerb zwischen den Anbietern im Einzugsbereich härter. Dieser Wettbewerb wird dadurch verschärft, daß eine breite Palette von traditionellen Bankdienstleistungen problemlos auch von Nicht-Banken (oder Banken »neuer« Art, z.B. »Telefonbanking«) erbracht werden können. »Jede heute von einer Bank angebotene Dienstleistung ist prinzipiell auch von einer Nicht-Bank darstellbar«, postuliert Krönung[1], der es als Banker eigentlich wissen muß. Und ebenso konkret bringen Herd/Bärtele[2] das Problem auf den praktischen Punkt: »Der naheliegende Schluß, vorläufig nichts zu tun und erst einmal abzuwarten, bis sich die Spreu vom Weizen getrennt hat, ist sicher keine Lösung, denn in den Kreditinstituten besteht Handlungsbedarf. Wandlungen im Käuferverhalten in Verbindung mit der EU-Liberalisierung und neuen Techniken des Bankgeschäftes werden in naher Zukunft zu fundamentalen Veränderungen in der Wettbewerbssituation einzelner Institute führen.« Da stellt sich die Frage, wie der Kampf um den Kunden gewonnen, wie eine Bank sich (aus der Sicht der Kunden) als die »vorteilhaftere Bank« beweisen, wie sie Kunden zu Stammkunden entwickeln kann. Wie erbringt sie den USP (»unique selling proposition«), die Antwort auf die Frage: »Weshalb soll die Kundin/der Kunde ausgerechnet bei mir kaufen?« Die Forderung nach der »neuen« Bank bedeutet daher, daß die bisherigen Strategien überprüft und, im Hinblick auf die veränderten Gegebenheiten der Märkte, als Antworten auf die »neuen« Kunden neu definiert werden müssen.

In den turbulenten, sich tiefgreifend und strukturell wandelnden Märkten der Banken schält sich dabei deutlich eine gemeinsame Antwort heraus, die *Kundenorientierung*. Die Kreditinstitute

---

[1] Herd/Bärtele (s. Literaturverzeichnis), a. a. O., S. 30.
[2] A. a. O., S. 7.

begeben sich damit auf einen dornigen Weg, der viel Arbeit an der Weiterentwicklung fordert. Studien und Umfragen haben gezeigt, daß ein relativ geringer Prozentsatz von Kunden mit ihrem Kreditinstitut hundertprozentig zufrieden ist. Damit, daß danach ein breites Feld von »Zufriedenen« folgt, darf sich kein Management beruhigen: Erfolg und Wachstum im noch härter werdenden Wettbewerb gründen sich auf die hundertprozentig zufriedenen Kunden. Wir werden aufzuzeigen haben, welchen Beitrag die Personalwirtschaft mit ihren Instrumenten leisten muß, um die noch bestehende Zufriedenheitslücke zu schließen: »Weg vom Produkt-, hin zum Kundennutzen.« Damit stehen auch die tradierten personalwirtschaftlichen Instrumente der Beurteilung, Leistungsentgeltfindung und Erfolgsbeteiligung auf dem Prüfstand. Soweit sie noch von der inzwischen veralteten »Produktphilosophie« geprägt sind, unterstützen sie nicht die neue Strategie der Kundenorientierung; vielfach entfalten sie sogar eine kontraproduktive Wirkung. Welche weiterentwickelten und neu gestalteten Instrumente fördern das Umsetzen der Strategie der Kundenorientierung in das operative Tagesgeschäft? Hier liegt der besondere Schwerpunkt unserer Untersuchung: Wie haben die künftigen Instrumente einer kundenorientierten Personalwirtschaft auszusehen?

Neue Strategien, von der »Weisungsebene« in der Bank entworfen und verabschiedet, werden nur fruchtbar, wenn sie auf der »Handlungsebene« neue Denk- und Verhaltensmuster bewirken. In diesem Prozeß des Umsetzens von Strategien in das operative Tagesgeschäft spielen die personalwirtschaftlichen Instrumente in den Banken eine wesentliche Rolle. Als Anreiz- und Belohnungssysteme entscheiden sie nämlich darüber, ob sich aus der Sicht der Mitarbeiterinnen und Mitarbeiter (und auf die kommt es an!) das Zugehen auf die neuen Aufgaben entsprechend den neuen Strategien (materiell und immateriell) lohnt. Neue Strategien, aus denen veränderte Aufgaben erwachsen, werden von ihnen erst dann in die Praxis umgesetzt, wenn sie »sich rechnen«. Also müssen wir danach fragen, wie kundenorientierte personalwirtschaftliche Instrumente in der Praxis ganz konkret aussehen sollen.

Bei der Suche nach einer praxisgerechten Antwort auf die Frage gerät zunächst eine sehr grundsätzliche Problematik von

»Personalwirtschaft« in das Blickfeld. Sie läßt sich auf die Frage zuspitzen: »Haben wir es bei den herkömmlichen Instrumenten mit Hilfen für die Personalwirtschaft zu tun oder mit personalwirtschaftlichen Instrumenten im Dienste der Unternehmensstrategien?« Die Problematik wird klar, wenn es in den Erläuterungen zu einem klassischen Instrument der Mitarbeiterbeurteilung in einer Bank heißt: »Sie soll dabei helfen:

- dem Mitarbeiter seinen Leistungsstand auf seiner Stelle deutlich zu machen,
- die Mitarbeiter entsprechend ihren Kenntnissen und Fähigkeiten am richtigen Platz einzusetzen,
- gezielte Fort- und Weiterbildungsmaßnahmen einzuleiten,
- durch das Gespräch zwischen der Führungskraft und den Mitarbeitern die Zusammenarbeit vertrauensvoll zu gestalten.«

In unserem Zusammenhang ist es nur ein erstes Indiz auf die fehlende Aktualität, in herkömmlichen Instrumenten kommen neben den Mitarbeitern die Mitarbeiterinnen nicht vor. Entscheidender ist: Eine Formulierung des Inhaltes: »Das Instrument der Mitarbeiterbeurteilung dient dazu, das Umsetzen der Unternehmensstrategien zu unterstützen und zu fördern« ist in herkömmlichen personalwirtschaftlichen Instrumenten nicht zu finden. Denn diese Beurteilungssysteme sind »neutral«, nicht auf eine konkrete Strategie hin konzipiert. Sie wollen ein komplettes Bild der Mitarbeiterinnen und Mitarbeiter wiedergeben, sozusagen Unterlagen für ein »Zeugnis« für die Personalakte liefern, sie wollen den Zwecken der Personalwirtschaft dienen, werden deshalb von vielen Führungskräften als (lästige) Pflichtübung empfunden. Zwar fordern die Personalentwickler: »Personal- und Managemententwicklung soll nicht als formale Institution zur Durchführung von Seminarveranstaltungen verstanden werden, sondern als integriertes Element der Unternehmensführung«,[3] dennoch haben sich in vielen Unternehmen Teile der Personalwirtschaft in einem Eigenleben verselbständigt, haben den direkten Bezug zu den Unternehmensstrategien verloren, sie sind nicht »Lernberater«[4].

[3] Leonhardt, a. a. O., S. 4.
[4] Leonhardt, a. a. O., S. 14.

Machen wir das Problem des fehlenden Strategiebezuges an einem Beispiel aus dem Beurteilungssystem einer Sparkasse konkret. Nach einer Besprechung in der Abteilung »Firmenkunden« fertigt ein Firmenkundenberater das Protokoll an. Er erfaßt den Ablauf der Besprechung lückenlos (Arbeitsmenge) und gibt alle Beiträge der Teilnehmerinnen und Teilnehmer an der Besprechung inhaltlich zutreffend wieder (Arbeitsgüte). Jetzt hat der Vorgesetzte in einem klassischen Beurteilungssystem die »Arbeitsmenge« (»Arbeitsleistung im Verhältnis zur aufgewandten Zeit«) und die »Arbeitsgüte« (»Qualität der Leistung. Sie bemißt sich daran, inwieweit diese fehlerfrei und richtig, sorgfältig und vollständig sowie selbständig erbracht wurde«) zu beurteilen. In der zitierten Definition der beiden Beurteilungskriterien bezieht sich das Urteil des Vorgesetzten nicht darauf, ob das Protokoll dem *Kunden* Nutzen bringt, es bewertet die Aufgabe »an sich«, losgelöst vom Kundenbezug. Sie unterstützen daher das Ziel der Personalverwaltung, sich ein »abgerundetes« Bild machen zu können. Daß dabei die Mitarbeiterinnen und Mitarbeiter hervorragende Leistungen (nach Menge und Güte) zum *Schaden* der Strategie der Kundenorientierung erbringen können, bleibt unbeachtet, solange vorhandene Instrumente »personalwirtschaftlich« definiert und nicht primär als »strategieunterstützende« Instrumente gesehen werden. Eine der grundlegenden Forderungen der Strategie der Kundenorientierung lautet: »Wir unterlassen alles, was nicht zur *Wertschöpfung* beim Kunden beiträgt, beseitigen also ›Verschwender‹ und ›Blindleistungen‹, für die der Kunde nicht zu zahlen bereit ist.« Unter diesem Gesichtspunkt ist die geschilderte klassische Beurteilung *kontraproduktiv*, wenn es für den Kundennutzen ausreicht, daß über die Besprechung nur ein *Ergebnis*protokoll, nicht aber ein ausführliches *Verlaufsprotokoll* angefertigt wird. Vor jeder Diskussion um Details der erwähnten Instrumente muß daher die Aufgabe von zeitgemäßer Personalwirtschaft in einer Bank erörtert und entschieden werden. Ist sie »Selbstzweck«, oder dient sie direkt einem übergeordneten »Strategiezweck«? In einer Zeit, in der Unternehmen (auch die Kreditinstitute) nur dann erfolgreich im Markt gewinnen, wenn sie *alle* Kräfte und Energien auf ihren »Marktauftritt« bündeln, muß auch die Personalwirtschaft mit ihren Instrumenten Dienerin und Unterstützerin der aktuellen Unternehmensstrategien sein. Sie muß eng mit dem

Zielsystem[5] verflochten sein. Ihr Auftrag wird es, ein Element des »Zielerreichungs-Controlling« zu werden. Alles andere wäre Ressourcenvergeudung.

Wichtig!

---

[5] Ausführlich: Hecking, a. a. O., S. 58 ff.

2 Kundenorientierung bedeutet einen Paradigmenwechsel für die Banken: Auswirkungen auf die personalwirtschaftlichen Instrumente

Zum Eindenken in die unterschiedlichen Welten zwischen dem *Käufer* eines Produktes oder einer Dienstleistung und einem *Kunden* dient uns zunächst ein branchenfremdes Einzelergebnis aus einer Untersuchung bei der Lufthansa.

Ein Fluggast ist unzufrieden und will einen Beschwerdebrief schreiben. Antwort der Stewardeß im »O-Ton«: »Die Lufthansa erhält jährlich 12 000 Beschwerdebriefe. Glauben Sie im Ernst, da fällt Ihrer ins Gewicht?«[1] Ein derartiges Verhalten einer Mitarbeiterin (und die dahinter stehende Einstellung) ist nicht »naturgegeben«. Sie ist das Ergebnis einer Tradition, in der der Stolz auf das eigene Produkt und nicht die Zufriedenheit der Kunden mit dem Produkt das Denken und Handeln unserer Mitarbeiterinnen und Mitarbeiter prägte. Bevor wir über die Lufthansa lächeln: Welche Strukturen kennzeichnet das *Beschwerdemanagement* bei unseren Banken? Wie erlebt eine Kundin das Gespräch mit dem Sachbearbeiter? Fühlt sie sich »abgewimmelt«, vorwurfsvoll behandelt, wenn sie zu Unrecht eine »Falsch«-Überweisung reklamiert? Wir werden nachweisen, daß derartige (schlechte) Traditionen auch von herkömmlichen personalwirtschaftlichen Instrumenten hervorgerufen und gepflegt werden. Wenn uns solche Traditionen nicht mehr als nützlich erscheinen, müssen wir untersuchen, inwieweit wir alte Instrumente aufgeben und neue, den heutigen Marktverhältnissen entsprechende Instrumente entwickeln müssen.

Im heutigen, tiefgreifenden Strukturwandel sind zudem die Märkte des »Verteilens« von Produkten und Dienstleistungen Vergangenheit. Wie viele Bankkunden sind als »Bittsteller« noch bereit, geduldig auf die »Zuteilung« eines Kredites zu warten? Die »Zeiten ständigen Wachstums, ein Verteilen ohne aktives Verkaufen«[2] sind vorbei. Das stellt die Personalwirtschaft u. a. vor die Aufgabe, Instrumente bereitzustellen, die diesen Wandel unterstützen und fördern. Die personalwirtschaftlichen Instrumente

---

[1] Töpfer, a. a. O., S. 5.
[2] BddW 1. 10. 1996.

16

dürfen nicht mehr belohnen, wenn den Kunden als »Antragsteller« Kredite »gewährt und eingeräumt«, Anlagen »hereingenommen« werden,[3] sondern nur, wenn dies geschäftliche Vorgänge sind, die den Kunden in deren Situation den bestmöglichen Nutzen bringen, denn nur dann werden sie vom Bittsteller zum Stammkunden. Personalwirtschaftliche Instrumente dürfen nicht mehr »Produktverkäufer«, sie müssen »Problemlöser« und (echte) »Kundenberater« belohnen. Gerade die mittelständischen Kreditinstitute werden mit dem »Aldi-Prinzip« (»Unser besonderer Service besteht darin, daß wir außer einer schnellen Kasse keinen bieten«) keinen Erfolg mehr haben können. Im Gegensatz zu ALDI wird ihnen das Marktsegment der »problemlosen und preisgünstigen Deckung des Grundbedarfs« nicht mehr die Plattform des Erfolges sein. Der Inhalt von »Leistung«, die bewertet und belohnt werden soll, und damit die Instrumente der Beurteilung und der Leistungsentgeltfindung müssen neu definiert werden. Ganz grundsätzlich: Die »Leistung« ist nicht mehr das Produkt, sondern die Zufriedenheit des Kunden mit ihm. Das bedeutet gewiß einen Wandel der überkommenen Strukturen, zunächst im Denken, dann bei den begleitenden Instrumenten, die veränderte Denkhaltungen hervorrufen und neue verstärken müssen, die diese auch belohnen werden.

2.1 Der Paradigmenwechsel, alter Wein in neuen Schläuchen?

Wenn von der Kundenorientierung als einer *neuen* Strategie die Rede ist, stellt sich zuerst die Frage, ob sie wirklich eine neue Strategie oder nur eine der rasch wechselnden »Berater-Moden«, also alter Wein in neuen Schläuchen ist. Die Antwort auf die Frage, ob Kundenorientierung zu diesen »Saisongeschäften« gehört, ist ein sehr eindeutiges »Nein«. Ernst genommene Kundenorientierung ist keine neue »Masche« auf altem Untergrund. Wirkliche Kundenorientierung erwächst aus einem grundlegenden Paradigmenwechsel: Es gilt, unsere Banken »neu«, nämlich vom Kunden her zu denken. Die These bedarf der Begründung.

---

[3] Herd/Bärtele, a. a. O., S. 14.

17

2.2 Vom Produkt zum Kunden oder: Traditionelle Beurteilung als Treibriemen von Flopmaschinen

Einen sehr grundlegenden Wandel bedeutet die Kundenorientierung für die Strategie der Banken, indem der Kunde an die Stelle der eigenen Produkte und Dienstleistungen in den Vordergrund unternehmerischer Überlegungen tritt. Der zentrale Ausgangspunkt von Denken und Handeln sind nicht mehr in der Bank vorhandene »Produkte« und »Dienstleistungen«, die es zu verkaufen gilt; der Fokus ist der Kunde. Wir sind bei der ersten Annäherung an den »*Beratungs- und Problemlösungsverkauf*«. Ein ganz alltäglicher Fall soll uns in die Problematik der Entwicklung vom Produkt- zum Beratungsverkauf einführen.

Nach dem Abschluß seiner Ausbildung hat ein junger Mann eine feste Stelle als Angestellter gefunden. Jetzt spricht er beim Kundenberater einer Bank vor, weil er ein Gehaltskonto braucht. Für einen »traditionell« denkenden und handelnden Kundenberater ein einfacher Fall. Die Konditionen aufzählen, Formular ausfüllen, mit dem Wunsch »auf gute Zusammenarbeit« ist das Produkt »Gehaltskonto« verkauft. Gehen wir etwas näher in die Situation hinein, was erwartet und braucht (bewußt und unbewußt) der junge Mann? Auf den ersten (sehr vordergründigen) Blick benötigt er ein »nacktes« Produkt, ein Konto, auf das sein Arbeitgeber das monatliche Gehalt überweisen kann. Auf den zweiten Blick braucht und erwartet er aber viel mehr. Er benötigt zunächst klare und verständliche Informationen für seine Entscheidung, daß *diese* Bank bei den vorhandenen Alternativen unter sachlichen Gesichtspunkten gesehen die richtige Bank ist. In den Käufermärkten sind Kunden kompetent, anspruchsvoll und wählerisch, auch weil sie zwischen mehreren Alternativen wählen können (welche Bank hat schon eine Strategie auf die Frage entwickelt: »Weshalb soll ich bei einer Sparkasse Gebühren für mein Gehaltskonto zahlen, wenn es bei einer ›Telebank‹ gebührenfrei ist?«). Und – ganz wichtig – er muß das Gefühl der Sicherheit haben, daß seine Entscheidung für diese Bank eine gute Entscheidung ist. Die Erkenntnis, daß »Kaufen« in erheblichem Umfang auch ein nichtrationaler Vorgang ist, läßt sich rasch vertiefen. Der junge Mann erwartet doch auch, daß er freundlich, als Partner und nicht als »Antragsteller«, dem ein Konto »zugeteilt« wird, behandelt wird. Nur wenn diese Erwartungen erfüllt werden, ist der erste Schritt vom Kunden zum Stammkunden getan, der Kunde wird dann künftig von »meiner« Bank sprechen. Es wird eine persönliche Beziehung angeknüpft, aus der heraus sich bei künftigen Geschäftskontakten ein Vertrauensverhältnis entwickeln kann, das bei Entscheidungen »schwerer wiegt als bspw. Konditionen«[4]. Die bisherigen Überlegungen lassen sich in der These zusammenfassen, daß der Erfolg einer Bank – Vorsprung im Wettbewerb – auf Dauer nicht darauf beruht, ein »nacktes« Produkt (Bedarf) – aus der Sicht des Kunden den Produkten der Wettbewerber vergleichbar –, sondern ein Gesamtprodukt (Bedarf + Bedürfnisse) anzubieten. Dieses Gesamtprodukt ist die Summe von sachlichen, emotionalen und Elementen von sozialen/persönlichen Beziehungen.

Mannigfaltige und sehr unterschiedliche Ursachen haben dazu geführt, daß man bis weit in unsere Zeit hinein als grundlegende *Erfolgs*konzepte bei Banken wie in anderen Branchen auch Begriffe wie »Produktorientierung« oder »Technikorientierung«, also die Konzentration auf die vorhandenen Angebote bei den verkäuferischen Bemühungen benennen kann. In den sich im Rahmen der Industrialisierung rasch entwickelnden Märkten waren das »beste« Produkt und die »neueste« Technik die Gewinner. Die seit vielen Jahrzehnten entscheidende Struktur der Märkte hat sich in den letzten Jahren grundlegend gewandelt. Ende des »unbegrenzten Wachstums«, »Wissensexplosion«, »Globalisierung« sind einige Kennzeichnungen, die den Wandel hervorgerufen haben. Sie signalisieren zugleich, daß die Erfolgskonzepte von gestern nicht mehr den Erfolg von heute und morgen bewirken können. Schlagwortartig und ganz allgemein gesagt, nicht mehr unsere Produkte, sondern unsere Kunden garantieren den Gewinn. Seifert[5] bringt das auf die knappe Formel: »Den Kunden neu entdecken. Die Produkte der reifen Industrien sind im Prinzip austauschbar geworden. Autos, Fernseher, Kühlschränke sind technisch kaum mehr zu unterscheiden. . . . Das heißt, die Unternehmen müssen sich auf die Dinge konzentrieren, in denen sie noch einen echten Unterschied zum Wettbewerb realisieren können:

[4] Krönung, a. a. O., S. 47.
[5] A. a. O., S. 137.

auf den Service, die Kommunikation, die Markenidentität. Wer noch wachsen will, muß den Kunden und seine Bedürfnisse ganz neu entdecken.« Ganz speziell für das künftige Geschäft der Banken bedeutet das:»Das Produkt der Bank ist also die Information bzw. die Beratung des Kunden über alternative Finanzierungsinstrumente; die Qualität der Information entscheidet über Erfolg oder Mißerfolg der Bank im Wettbewerb. Die Informationsqualität muß daher im Zentrum der Differenzierungsstrategie der Banken stehen. Dies bedeutet einen nicht zu unterschätzenden Paradigmenwechsel für das Management, das bislang unter Kundenorientierung nicht mehr verstanden hat als das Anbieten verschiedener Anlage- oder Finanzierungsdienstleistungen, die von anderen Wettbewerbern auch angeboten werden«.[6] Und das bedeutet auch, wie sofort hinzugefügt werden muß, einen Paradigmenwechsel für die Personalwirtschaft der Banken und für die Ziele von deren Instrumenten: Dienen diese der Personalwirtschaft, oder sind sie als strategieunterstützende Instrumente ausgestaltet? Damit wir uns nicht in der Theorie verlieren: Kennen Sie ein Beurteilungssystem, das Kriterien wie»Die Arbeit von . . . hat im letzten Jahr die Markenidentität um . . . % gestärkt« oder»Unser Beschwerdemanagement wird von 95 % der Kunden gemäß Kundenzufriedenheitsanalyse als sehr gut bezeichnet«,»Die Kunden schätzen zu mindestens 85 % unsere Mitarbeiterinnen und Mitarbeiter als fachkompetente Berater und Problemlöser ein«, sind das bereits selbstverständliche Kriterien in den Beurteilungssystemen unserer Banken?

Der geschilderte Paradigmenwechsel ist zunächst ein Problem der Köpfe. Lassen wir dafür zunächst ein neutrales, bankenfremdes Beispiel sprechen. Gerhard Gumbel, Präsident der Umwelttechnikmesse Envitec, äußerte sich in einem Interview im Juni 1995[7], als er über die Schwierigkeiten im Export befragt wurde:»Unsere Ingenieure haben eine aufwendige Ausbildung hinter sich, die sie dazu befähigt, Hochtechnologie zu produzieren, die den deutschen Umweltvorschriften entspricht. Einen Ingenieur, der sich an ein gewisses technologisches Niveau gewöhnt hat, auf eine abgestrippte Lösung einzustimmen, ist schwierig und auch

[6] Krönung, a. a. O., S. 51.
[7] mm 6/1995, S. 210.

unwirtschaftlich.« Ein deutscher Ingenieur ist sich zu schade, das zu entwickeln, was ein Kunde braucht, alles unterhalb der »Hochtechnologie« ist unter seiner Würde. Übersetzen wir das Beispiel auf unsere Bankbranche. Einen wichtigen Stellenwert nimmt in unseren Instituten das *Risikomanagement* ein. Bei herkömmlichem Denken fällt da sofort die Frage ein: »Wie können wir uns für das Risiko beim Kunden absichern, welche Sicherheiten hat er uns anzubieten?« Die kaum vom Fleck kommenden Diskussionen über Möglichkeiten der »Bereitstellung von Risikokapital« haben hier ihre wichtigste Ursache. Vor der Frage: »Wie *sichere* ich ein Risiko ab?« oder »Wie können wir Kunden ein Risiko ermöglichen?« wird gepaßt. Die Kundenorientierung bringt eine andere (zumindest zusätzliche) Definition von Risikomanagement in die Überlegungen: »Wie kann ich den Kunden so beraten, daß er *sein* Risiko bei einem anstehenden Geschäft verringern kann?« Welches vorhandene Instrument der Mitarbeiterbeurteilung bei Banken faßt diesen Gedanken in ein konkretes Kriterium zur Beurteilung der »Leistung« von Mitarbeiterinnen und Mitarbeitern? Wir werden darüber nachdenken müssen, inwieweit herkömmliche personalwirtschaftliche Instrumente solche überalterten Denkhaltungen mit ihren falschen Konsequenzen unterstützen und verstärken.

Schon angesichts dieser ersten Beispiele verwundert es nicht, daß in vielen Unternehmen die Systeme zur Bewertung der Leistungen von Mitarbeiterinnen und Mitarbeitern einfach veraltet sind. Sie belohnen die Produktion von »Angeboten« statt die Erfüllung von Kundenwünschen. Sie belohnen »Technik« statt die Erfüllung von Kundenbedarf. Bringen wir die Problemstellung auf den praktischen Punkt. Um voreilige Aggressionen zu vermeiden, gehen wir zuerst einmal in eine fremde Branche. In einem Bericht über die neue Strategie des Maschinenbauers Trumpf GmbH[8] heißt es: »Wir verkaufen keine Technik, sondern Problemlösungen für unsere Kunden.« Stellen wir diesen Anspruch einer neuen Strategie in eine Beziehung zu einem traditionellen Beurteilungssystem. Als Güte der Leistung wird dort beurteilt: »Kreativ. Liefert stetig und verläßlich fachliche Leistungen von höchster Qualität«.[9] Ein

[8] SPIEGEL, a. a. O., S. 126.
[9] IfA, a. a. O. P. 54, 1 g.

solches Beurteilungssystem unterläuft die neue Strategie. Es wirkt *kontraproduktiv,* weil es weiterhin die Technik, die »fachliche Leistung von höchster Qualität« und nicht die Problemlösung beim Kunden belohnt. Wir hängen einem Qualitätsbegriff nach, den der Sprach-Brockhaus 1940 als »Eigenschaft, Beschaffenheit« definierte. Nicht auf neue Strategien abgestimmte Beurteilungs- und Prämiensysteme, bei denen es mehr auf die Eigenschaften der Produkte und Dienstleistungen ankommt als auf die Nützlichkeit für den Kunden bei dessen Verwendungszweck, werden zu Treibriemen von Flopmaschinen.

Wenn wir das Problem einer kundenorientierten Beurteilung bisher eher »technisch« betrachtet haben, dann muß zur Ergänzung und zur Erläuterung der dahinter stehenden Denkhaltungen die Praxis zitiert werden. Da fordert ein herkömmliches Beurteilungssystem vom Vorgesetzten die Bewertung anhand eines »Persönlichkeitsprofiles«[10]:

Persönlichkeitsprofil	−3	−2	−1	+1	+2	+3

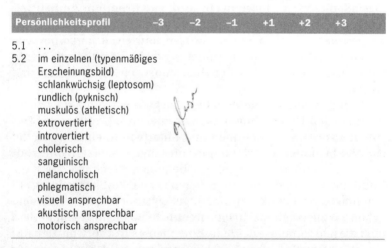

5.1 ...
5.2 im einzelnen (typenmäßiges
Erscheinungsbild)
schlankwüchsig (leptosom)
rundlich (pyknisch)
muskulös (athletisch)
extrovertiert
introvertiert
cholerisch
sanguinisch
melancholisch
phlegmatisch
visuell ansprechbar
akustisch ansprechbar
motorisch ansprechbar

Die erste auftauchende Frage hat schon eine große praktische Bedeutung. Welcher Vorgesetzte ist denn in der Lage, ein zutreffendes Urteil über »Schlankwüchsigkeit« und »extrovertierte« Mitarbeiter zu fällen, und das in 6 Ausprägungsgraden? Entscheidender noch ist die zweite Frage: Welchen Kunden interessiert es denn

[10] Vgl. Korff, a. a. O.

(und was hat das mit dem Gewinn des Unternehmens zu tun?), ob er von einem »sanguinischen« oder »melancholischen« Mitarbeiter beraten wird? Er wünscht und honoriert eine fachkompetente Beratung, gleich von welchem »Typ« von Menschen sie kommt.

Die Aufgabe zeitgemäßer personalwirtschaftlicher Instrumente besteht nicht mehr darin, Menschen zu klassifizieren, sondern danach zu fragen, inwieweit sie zum Erfolg der Kunden = unserem Erfolg beitragen.

Es besteht Handlungsbedarf.

2.3 Der zufriedene Kunde wird von der Ergebnis- zur Steuerungsgröße: geben unsere personalwirtschaftlichen Instrumente die richtige Richtung vor?

Die Behauptung, Kundenorientierung stelle einen Paradigmenwechsel dar, wird mit einer zweiten These unterstützt, daß die Zufriedenheit der Kunden von einer Ergebnis- zur Steuerungsgröße des Managementes wird. Immer noch bestimmen überkommene, häufig in Sprüche geronnene Denk- und Verhaltenskonzepte die Praxis vieler Unternehmen. »*Unsere Kunden wissen gar nicht, wie gut wir sind!*« Solche Slogans erwachsen aus ganz bestimmten Denkhaltungen. »Wir haben das beste Angebot für die Kunden«, »Wer die Chance zur Zuteilung unserer Produkte nicht wahrnimmt, hat eben Pech gehabt«. Bis weit in die 80er Jahre prüfte ein bekanntes Unternehmen der Optikindustrie, ob ein Nachfrager »würdig« war, seine Produkte zu beziehen. Noch immer gibt es Kreditinstitute, die sich sehr um die Bonität Sorge machen, bevor ein Azubi dort sein erstes Lohnkonto eröffnen darf. Traditionell galt der Zusammenhang, wenn ein Kunde zufrieden ist, ist das die *Folge,* das Ergebnis unserer Qualifikation. Und wenn er nicht zufrieden ist, na ja, es gibt ja genügend andere Nachfrager. Der strukturelle Wandel der Märkte fordert jetzt von uns, das Unternehmen neu, nämlich vom Kunden her zu denken. Nicht mehr die Produkte und Dienstleistungen, das was wir haben, sondern die Leistungen, die der Kunde braucht, entscheiden über den Markterfolg. Daß Kunden zufrieden sind, ist nicht mehr das Ergebnis unserer Arbeit, der Endpunkt. Kundenzufriedenheit wird zur *Steuerungsgröße,* zum Ausgangspunkt, zur Frage: Was müssen wir tun, um Kundenzufriedenheit zu bewirken?

Verbraucher haben in unterschiedlichen Lebenssituationen einen unterschiedlichen Bedarf, unterschiedliche Anforderungen an die Leistungen einer Bank, von daher muß die »neue« Bank ihr Geschäft definieren und aufbauen. Bleiben wir bei dem früher genannten Beispiel, in dem ein Facharbeiter bei einer Bank sein erstes Gehaltskonto eröffnet. Es herrscht völliges Einvernehmen zu der These, daß den Banken nicht der Kunde, sondern der Dauerkunde den größeren wirtschaftlichen Erfolg garantiert. Was heißt das für die Praxis? Was hat das mit der Entwicklung vom Produkt- zum Beratungsverkauf zu tun? Der junge Mann im Beispiel ist für die herkömmliche, in kurzfristigen Geschäftsperioden denkende Bank ja kein besonders interessanter Kunde. Mit dem Führen des Gehaltskontos und den geringen Umsätzen darauf wird nicht das »große Geld« verdient. Für die kundenorientierte, langfristig orientierte Beraterbank wird er dennoch ein sehr interessanter Kunde sein können, wenn er als Dauerkunde gewonnen werden kann; bezogen auf seine Lebenszeit bietet er ein erhebliches Potential von Geschäftsvolumen.

Wir erkennen das Problem genauer, wenn wir unser Eingangsbeispiel ein wenig weiterschreiben. Der junge Mann arbeitet seit einiger Zeit in seinem Beruf, denkt vielleicht an den Erwerb einer Eigentumswohnung (nach einer kleinen Erbschaft), hat vielleicht einen mittleren Lottogewinn. Kommt er mit seinen daraus resultierenden Fragen »selbstverständlich« zuerst zu »seiner« Bank? Antwortet er auf die Werbung einer Bausparkasse in einer Zeitschrift, oder kommt er zuerst zu »seiner« Bank? Finanziert er einen neuen PKW über das Autohaus (die dahinter stehende »Bank«) oder »seine« Bank? Es ist offensichtlich, daß die Antwort auf die Fragen nicht nur davon abhängt, daß eine Bank ihm zuvor einige ordentliche Produkte verkauft und sein Gehaltskonto fehlerfrei geführt hat. Wer ein »Problem« hat, also vor einer Entscheidung steht, für die er Informationen, Hilfe und Rat braucht, wendet sich an Personen (wichtiger als Institutionen), denen er vertraut, weil er sie als kompetent, fair und unabhängig schätzt, auf die er sich verlassen kann, die ihm sympathisch sind. Bevor wir das Beispiel mit »kleinen« Kunden für »kleine« Geschäfte abtun, sollten wir kurz darüber nachdenken, weshalb Unternehmen der mittelständischen Industrie (laut Umfrageergebnissen) nichts mehr meiden als die Berater einer »Beraterbank«. Da haben sie ein Problem, zu dem sie einmal einen Bankberater hinzuziehen. Zwei Tage später kommt dann das Schreiben: »... Angesichts der durch unseren Berater festgestellten Situation bitten wir Sie (§ 24, Abs. 2, Ziff. a des mit Ihnen geschlossenen Kreditvertrages) zu einem Gespräch über die Anpassung der Konditionen ...«. Das war es dann. Da mag das Marketing noch so sehr die Backen aufblasen, von der »Kreditsicherungsanstalt« zur »Beraterbank« können wir uns nur entwickeln, wenn alle Mitarbeiterinnen und Mitarbeiter von dem neuen »Leuchtturm« der Beratung nicht nur überzeugt sind, auf ihn hinschwimmen wollen, sondern dabei auch von strategiekonformen Instrumenten unterstützt und angetrieben werden. Wir brauchen veränderte Einstellungen und Verhaltenkonzepte.

Wenn vom Kunden her zu denken und zu handeln zur unisono propagierten Grundlage von Erfolg wird, müssen die Propagandisten dafür Sorge tragen, daß auch die personalwirtschaftlichen Instrumente ihrer Strategie Rechnung tragen. Enthalten sie die Zufriedenheit der Kunden als Steuerungsgröße? Erhebliche Zweifel sind angebracht. Eine Untersuchung bei 1000 VDI-Mitgliedern[11] liefert den ersten Beweis für die Berechtigung der Zweifel. »Regelmäßige Kundenbefragungen nach einem festen Schema gibt es danach erst in 28 Prozent der befragten Unternehmen, 36 Prozent planen solche Erhebungen, in weiteren 36 Prozent der Betriebe soll es aber auch in Zukunft keine Messungen der Kundenzufriedenheit geben.« Ein weiteres Untersuchungsergebnis[12] verstärkt diesen Befund. »In den meisten Unternehmen kapriziert sich das Rechnungswesen noch immer auf die Fertigung. Bezugsgrößen sind das Produkt und/oder die Abteilung – nicht jedoch der Kunde, der doch eigentlich im Mittelpunkt stehen sollte. Die wenigsten Unternehmer wissen, welche ihrer Kunden profitabel sind und welche seit Jahren auf das Ergebnis drücken. Wenn überhaupt Kunden bewertet werden, dann nach einer vollkommen ungeeigneten Größe: dem Umsatz. Nach diesem Raster werden dann Besuchsfrequenzen des Außendienstes und andere Leistungen festgelegt.« Zu unserer Bankbranche. Welche Daten kann uns unsere »Organisation« dazu liefern, welches Marktsegment nicht welchen Umsatz, sondern welchen *Deckungsbeitrag (je Kunde)*

---

[11] BddW 15. 4. 1996.
[12] BddW 10. 9. 1996.

abwirft? Haben wir ein Instrument, das nicht nur je Profitcenter, sondern je Team im Profitcenter ausweist, in welchem Ausmaß die Kunden mit deren Arbeit zufrieden sind? Haben wir schon die (Marketing-, Organisations- und personalwirtschaftlichen) Instrumente dafür geschaffen, daß der *Einzel*kunde zum entscheidenden Marktsegment werden kann? Ist das in Beurteilungs- und Leistungskriterien im Rahmen einer zielorientierten Führung umgesetzt?

Vor einem solchen Hintergrund sind herkömmliche Beurteilungs- und Leistungsentgeltsysteme außerstande, die Strategie der Kundenorientierung zu *unterstützen*. Wenn Marketing und Controlling keine verläßlichen Daten bereitstellen, können sich die Systeme auch nicht an der Zufriedenheit der *Kunden* orientieren. Dann bleibt als Kern personalwirtschaftlicher Instrumente die Zufriedenheit des *Vorgesetzten* (statt die des Kunden); doch mit der macht man keine Märkte.

2.4 Vom Abnehmer-/Angebotsmarkt zum Kundenmarkt, doch: kennen wir unsere Kunden?

Die eben erwähnten Untersuchungsergebnisse deuten es schon an: Der Strukturwandel der Märkte und die Kundenorientierung als Antwort darauf begründen die These, daß wir es tatsächlich mit einer *neuen* Strategie zu tun haben, die den wesentlich veränderten Rahmenbedingungen Rechnung trägt. Es geht um den Unterschied zwischen den beiden Aussagen: »Ich habe ein Angebot – willst Du es?« und »Was brauchst Du – ich kann es Dir liefern!« Vor dem Hintergrund, der sich mit den Schlagworten »Käufermärkte«, »gesättigte Märkte« und »Wissensexplosion« vorläufig kennzeichnen läßt, geht es um die These: »Zu Zeiten des hohen Wirtschaftswachstums und des schier unersättlichen Nachholbedarfs an Konsum und Gütern verkaufte sich noch praktisch alles von allein, was akzeptable Preise und Qualität hatte. Traditionell sind Firmen als Verteilungsorganisationen aufgebaut.«[13] Frage an die Praxis: Belohnen wir unsere Kundenberater als Produktverkäufer oder Problemlöser? Damit die Antwort auf die Frage nicht voreilig mit dem *Wunsch*bild einer neuen Strategie beantwortet wird, sondern

[13] Ederer, a. a. O., S. 216.

26

anhand der Realität, sollten die Verantwortlichen einer Bank einmal auflisten, für welche Leistungen die Mitarbeiterinnen und Mitarbeiter *Provisionen* erhalten. Was dominiert, Belohnung für gelungene Problemlösungen beim Kunden, Verkauf von vorhandenen Bankprodukten oder solchen von verbundenen Unternehmen (was ja *manchmal* gleiches sein kann)?

Aus den dargestellten Entwicklungen heraus müssen unsere personalwirtschaftlichen Instrumente darauf überprüft werden, ob sie (nur) die *abstrakte* Qualifikation (Wissen, Können) der Mitarbeiterinnen und Mitarbeiter als Leistungskriterien beinhalten. Kundenorientierte Instrumente müssen als Maßstab anlegen, inwieweit Qualifikationen konkret in Kundennutzen umgesetzt werden. Das wird ein weiter und steiniger Weg, denn in einer Befragung stellte sich heraus[14]: »Etwa 60 Prozent der befragten Manager geben nämlich an, daß sie nicht genau wissen, welche Leistungen für ihre Kunden eigentlich wichtig sind.« Wenn die Manager schon nicht wissen, was die Kunden wollen, wie wollen sie dann ihre Mitarbeiterinnen und Mitarbeiter danach beurteilen und bezahlen, inwieweit diese die (ihnen unbekannten) Wünsche der Kunden befriedigt haben? Eine neue »Philosophie« für die Instrumente erfordert zunächst die Klärung der »Philosophie« des Managementes.

Kennen wir den Kunden? Wollen wir ihn überhaupt kennen? Welche Rolle spielt er für unseren Erfolg?

Auch diese abstrakte Grundfrage kann ganz aus der Praxis einer Bank heraus erläutert werden. Die Grundthese lautet: »Die Kunden legen immer größeren Wert auf individuelle Behandlung. Sie verlangen auf ihre Bedürfnisse zugeschnittene Produkte und Dienstleistungen, die zur Verfügung stehen sollen, wenn sie gebraucht werden.«[15] Jetzt die Fragen an die Praxis, um festzustellen, wie der Ist-Zustand im Vergleich zu dem geforderten Soll-Zustand aussieht. Ist unsere Organisation so gerüstet, daß sie dem Kundenberater signalisiert (siehe obiges Beispiel), daß der Facharbeiter inzwischen eine Summe auf seinem Konto angespart hat, die ein Gespräch über eine Vermögensanlage sinnvoll macht? Sind im Gespräch anläßlich der Eröffnung des Kontos entsprechende

14 Marzan, a. a. O.
15 Krönung, a. a. O., S. 147.

Daten erhoben worden, und ist durch die »Organisation« dem Berater präsent, was der neue Kunde sich (Eigentumswohnung, PKW . . .) in welchen überschaubaren Zeiträumen »leisten« will? Werden die Mitarbeiterinnen und Mitarbeiter in der Kundenberatung dafür belohnt (angeregt durch die *personalwirtschaftlichen Instrumente* der Bank, nicht durch einen wohlwollenden Vorgesetzten »am System vorbei«), daß sie die sich aus diesen Informationen ergebenden Marktchancen wahrnehmen (»hin zum Kunden!«), oder handeln sie in der gewohnten Weise: »Abwarten, wenn die Kunden etwas von uns brauchen, werden sie schon kommen!«

Herkömmlichen Beurteilungssystemen ist diese Fragestellung fremd, weil es ihnen nicht um den Kunden, sondern die »Domestizierung« der Mitarbeiterinnen und der Mitarbeiter geht, um die Anpassung ihres Verhaltens und ihrer Persönlichkeit, nicht um die Markterfolge. Natürlich gilt es, für solche Behauptungen den Beweis anzutreten.

In einer früheren Fibel »Die Beurteilung der Mitarbeiter« (Mitarbeiterinnen kannte man damals noch nicht) von SIEMENS heißt es: »An allen Entscheidungen, die bei der Führung von Mitarbeitern getroffen werden, hat das Urteil, das der Vorgesetzte über den Mitarbeiter gewonnen hat, einen wesentlichen Anteil. Es liegt im Interesse des Unternehmens, des Vorgesetzten, des beurteilten Mitarbeiters und der anderen Mitarbeiter, daß dieses Urteil möglichst alle für die Arbeit und Zusammenarbeit wesentlichen Merkmale der Persönlichkeit des Mitarbeiters umfaßt und richtig wiedergibt. Hierbei genügt es nicht, sich durch beiläufig gesammelte Eindrücke ein Bild vom Mitarbeiter zu machen. Eine Annäherung an Objektivität kann nur durch systematisches Vorgehen erreicht werden.«

Zeitgemäße, kundenorientierte Beurteilungs-, Belohnungsund Erfolgsbeteiligungssysteme müssen die tradierte Denkwelt »An allen Entscheidungen . . . hat das Urteil, das der Vorgesetzte über den Mitarbeiter gewonnen hat, einen wesentlichen Anteil . . .« verlassen. Wir müssen uns auf eine Welt einrichten, in der der *Kunde*, nicht der Vorgesetzte, den wesentlichen Anteil am Urteil über die Leistung von Mitarbeiterinnen und Mitarbeitern gewinnt. Woher soll denn der Vorgesetzte wissen, ob eine Mitarbeiterin/ein Mitarbeiter beim Kunden »ankommt«, weil sie eine nützliche Beratung geleistet haben (sachliche Komponente) und deshalb deren Vertrauen (soziale Komponente) besitzen, auf dem sich künftige Geschäfte aufbauen lassen? Wir haben es mit Fragestellungen zu tun, auf die tradierte personalwirtschaftliche Instrumente keine Antwort geben.

2.5 »Qualität« als Nagelprobe: »Wie hältst Du es mit der ...?«

Ein paar Ergebnisse aus einer Analyse bei 687 westeuropäischen Unternehmen[16] beleuchten die Problematik. Zwar bestätigten 63 Prozent der befragten Unternehmen, mit Qualitätsmanagement »eine spontane Verbesserung der Kundenzufriedenheit« erreicht zu haben. Lediglich 3 Prozent jedoch schätzten sich trotz »deutlicher Anstrengungen in Sachen Qualitätsmanagement« so ein, daß sie bereits »TQM-Status« erreicht hätten. Die Ursachen: »fehlendes Engagement und eine mangelnde Ausdauer seitens der Unternehmensführung, kurzfristige Unternehmensziele werden stärker gewichtet als langfristige, ... vielen fällt es schwer, ihr eigenes Verhalten in Richtung Qualitätsmanagement zu verändern«. Wir sind bei der wohl wichtigsten Aufgabe der personalwirtschaftlichen Instrumente, denn nur sie können diesen »Strohfeuereffekt« vermeiden. Mit großem Engagement betriebene Einzelprojekte »versanden« sehr oft, führen nur zu einem temporären, nicht zu einem grundlegenden Wandel von Denk- und Verhaltensmustern. Auf die Zukunft ausgerichtete Systeme der Beurteilung und Erfolgsbeteiligung sind langfristig angelegt und richten über ihre Leistungskriterien in Verbindung mit Belohnungen und Bestrafungen das Denken und Handeln auf die Unternehmensziele aus – wenn sie mit diesen abgestimmt und aus ihnen abgeleitet sind. Um dem Einwand »auf Qualität achten wir schon immer, sie ist bereits Kriterium in unseren Beurteilungen und bei der Entgeltfindung« zu begegnen, wollen wir den Begriffswandel von der »Qualität« zur »kundenorientierten Qualität« darstellen. *»Qualität« ist ein Prüf- und Eckstein in der neuen Denkwelt der Kundenorientierung. Die zentrale These: »Qualität ist nicht, was wir können, sondern das, was unsere Kunden brauchen.«*

Vor der abstrakten Erläuterung der These zunächst ein Beispiel aus der Praxis. Ein mittelständisches Unternehmen, Kunde

[16] BddW 19. 8. 1996.

einer Kreissparkasse, befindet sich in einer schwierigen Situation, ein erheblicher Umsatzrückgang führt zu Liquiditätsproblemen. Liegt es an der Produktpalette oder »nur« an einer rezessiv bedingten, kurzzeitig fehlenden Nachfrage auf den Märkten? Kommen vielleicht die bekannten Probleme eines Familienunternehmens der zweiten oder dritten Generation hinter den vordergründigen Zahlen zum Vorschein? Die »Qualität« der umfassenden Beratung kann für eine Bank hier nicht mehr traditionell darin liegen, wenn »das Management« nicht mehr weiter weiß und die »Berater« trotz bester Honorare auch nicht den »Königsweg« gefunden haben, zusammen mit dem Konkursverwalter zu beraten, ob sie nochmals einen »Überbrückungskredit« gewähren kann/will. Die Bank mit einer Option auf die Zukunft befreit sich von ihrer Rolle als »Kreditinstitut«; für sie bemißt sich das Urteil über die »Qualität« aus einem neuen Gesichtspunkt: Kann der Firmenkundenberater abgesicherte Informationen beisteuern, die dem Kunden eine sichere Basis für Entscheidungen in *seiner* Situation anbieten? Und wie erarbeitet sich der Firmenkundenberater überhaupt die Rolle, daß er nicht mehr als Kreditgeber, sondern als Berater sehr viel früher als bisher gefragt ist? Das ist recht neu. Die Qualität einer Bank wird künftig nicht mehr nach den Maßstäben eines »Kreditgewährers«, sondern nach denen eines »Beraters« gemessen. Sind die Banken auf diese neue Rolle vorbereitet? Hat die »Personalwirtschaft«, insbesondere auch die »Personalentwicklung«, die notwendigen Instrumente dafür entwickelt, den neuen strategischen Erfordernissen Rechnung tragen zu können? Wurde der »Sanierungsexperte« aufgrund einer Analyse und der systematischen Arbeit der »Personalentwicklung« oder anhand eines Beschlusses des Vorstandes gesucht und eingestellt?

Die Konsequenz hinsichtlich der personalwirtschaftlichen Instrumente bedeutet, daß wir Leistungskriterien benötigen (und entsprechende Erläuterungen für die Anwender!), die unter »Qualität« nicht nur den eigenen, sondern den Kundennutzen verstehen. Damit *fördern* die Instrumente ein Qualitätsmanagement, das den Anforderungen des Ludwig-Erhard-Preises, des ersten deutschen nationalen Qualitätspreises, entspricht. In diesem Wettbewerb wird unter 9 Kriterien die Kundenzufriedenheit mit 20 Prozent sehr hoch bewertet. »Wir nennen den Preis auch nicht Qualitätspreis, sondern Ludwig-Erhard-Preis (LEP), weil er nicht

Unternehmen auszeichnet, die qualitativ hochwertige Produkte herstellen, sondern solche, die Spitzenleistungen im Wettbewerb liefern«, so wird diese Wertung begründet.[17]

2.6 Vom Käufer zum Kunden, die Sache und die Beziehungen

Nein, die Zahnpasta, die mir die »deutsche Zahnarztfrau« in den Pausen zwischen zwei Tennisspielen immer wieder anpreist, habe ich als Verbraucher noch nie benutzt und werde sie auch nie kaufen. Ich mag sie (die Zahnarztfrau/Zahnpasta) einfach nicht. Das antrainierte Lächeln spricht mich nicht an, daß eine Frau ihre Kompetenz aus der ihres Mannes und einem weißen Kittel ableitet, ist mir zuwider, und ein Produkt, das solche Verkleidungskünste als Hilfe benötigt, hat das wohl nötig.

Zugegeben, ein solches Urteil eines Verbrauchers ist weitgehend subjektiv. Aber genau das ist das Problem, um das es hier geht. Die Kaufentscheidungen von Kunden (vom T-Shirt bis hin zum Kraftwerk: also quer durch alle Branchen) werden heutzutage und künftig vermehrt ganz entscheidend und prägend nicht vom objektiven, dem »technischen« Produkt, sondern von Gefühlen, Einstellungen, Beziehungen: von subjektiven Faktoren geprägt. Welche Schlußfolgerungen muß das Management aus dieser Bestandsaufnahme ziehen?

Ein Management, das den Paradigmenwechsel von der Technik-/Produktorientierung zur Kundenorientierung berücksichtigt, verwirklicht in seiner Praxis, was seither etwas würdevoll »ganzheitliche Sicht des Menschen« genannt wird. Begriffe wie »Beziehungsmanagement« oder »Kundenbindungsmanagement« sind Signale für diese Entwicklung. Was besagt die These: »*Kunden sind nicht Käufer/Verbraucher, sondern Menschen!*«?

Auf breiter Front sind unsere Kreditinstitute dabei, bisher von Personen vermittelte Dienstleistungen durch »Kontakte mit Automaten« zu ersetzen. Eine Neuerung, die bei vielen, vor allem älteren (»Pc-ungewohnten«) Kundinnen und Kunden eher negative Emotionen auslöst. Wie gehen die Sparkassen und Banken vor, um bei einem derartigen (absolut notwendigen) Mechanisierungsprozeß die Beziehungen zu Kundinnen und Kunden nicht zu

---

[17] BddW 11.9.1996.

beschädigen (sofern sie darin überhaupt ein »Problem« erkannt haben)? Auch: Wie zieht eine Bank Vorteile aus der allgemeinen »Verwirrung« der Kundinnen und Kunden im Markt? Diejenigen Institute, die keine Menschen kennen, sondern Kundennummern abarbeiten, begnügen sich mit Verwaltungsanweisungen. »Ab 01.07. können Sie Ihre Kontoauszüge nur noch über den Kontoauszugsdrucker . . . Wir bitten Sie um Ihr Verständnis für die ausschließlich in Ihrem Interesse getroffene Entscheidung.« Etliche Kreditinstitute, die sich (schlecht beraten von »Marketing«-Leuten) für besonders »pfiffig« halten, garnieren solche »Verwaltungsanweisungen« sogar mit einem »Bank-Girlie« (einer »Zahnpasta-Frau«). Das ist zwar nett anzusehen, beseitigt jedoch nicht die vielgestaltigen »Berührungsängste« der Kundinnen und Kunden mit einem Kontoauszugsdrucker. Wie viele Kreditinstitute haben sich für eine Übergangszeit einen »Beratungsschalter« geleistet (!?), um ihren Kundinnen und Kunden zu einem »problemlosen« Umgang mit den neuen Dienstleistungen »ihrer« Bank zu verhelfen? Zu unserem Thema: Welche Bank schreibt den Mitarbeiterinnen und Mitarbeitern als Erfolgskriterium zur Definition von »Leistung« vor (und knüpft Anerkennung und Geld daran): »Unsere Kundinnen und Kunden akzeptieren und bejahen zu mehr als 75 % unsere Kontoauszugsdrucker.« Genau da ist der Standort einer strategieunterstützenden statt einer Eigenbefriedigung betreibenden Personalwirtschaft.

Menschen treffen Entscheidungen nicht nur aus sachlichen Gründen. Der Kunde ist nicht nur »*Käufer*« (= Produktabnehmer), in sein Handeln fließen Emotionen, Interessen, soziale Beziehungen mit ein: Er ist »*Kunde*«. Die Bindung, die einen Kunden zum Stammkunden macht, entsteht mithin aus einem ganzheitlich zu sehenden Prozeß, der sich auf mehreren Ebenen entfaltet.

Auf seine Grundstruktur gebracht, lassen sich die Verknüpfungen zwischen einem Dienstleister A und einem Abnehmer B, aber auch zwischen einem Berater A und einem Kreditnachfragenden B als mehrschichtiges Beziehungsgefüge darstellen (vgl. Abb. auf der folgenden Seite).
Die Rolle und Bedeutung der »Softfaktoren« Gefühle, Interessen und Beziehungen und der darauf beruhenden Kundenbindung läßt sich anhand betriebswirtschaftlicher Erkenntnisse darstellen. Ein letztes Mal noch zu unserem jungen Facharbeiter. Wie viele

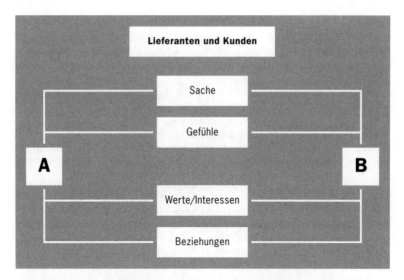

»Bankgeschäfte« wird er noch im Laufe seines Lebens tätigen (müssen)? Wie viele davon wird er über die Bank, bei der er sein erstes Gehaltskonto eröffnet hat, abwickeln, weil er bei ihr nicht nur *sachlich* ordentlich bedient wurde, sondern weil er mit ihr auch *zufrieden* ist, was ja weit mehr als eine technisch einwandfreie Abwicklung der Kontoeröffnung voraussetzt? Sie bestätigen, daß die *Bindung* von Kunden aus einem ganzheitlichen Prozeß heraus wächst. Wir sprechen über das Verhältnis »Erstkunde – Wiederholungskäufer – Stammkunde« anhand von zwei Befragungsergebnissen.[18] Eine Zwischenfrage aus der Praxis: Kennen Sie ein Beurteilungssystem mit der Wertung:

»Beherrscht den Umgang mit Gefühlen, Werten und Interessen der Kunden«				
100 %	90 %	80 %	70 %	<70 %

Anhand derartiger Ergebnisse kann es keinen vernünftigen Zweifel daran geben, daß der Stammkunde der mit Abstand lukrativste Kunde ist. Neue Kunden als Ersatz für abgewanderte Kunden zu gewinnen ist mit hohen Kosten verbunden. Die Kundenbindung, die aus Kundenorientierung und Kundenzufriedenheit erwächst,

[18] Töpfer, a. a. O., S. 26, 40.

ist eine gewinnträchtige Strategie. Unzufriedene Kunden werden nicht nur nicht zu Stammkunden; sie wandern ab oder sind in hohem Maße abwanderungsbereit. In diese Entbindung ziehen sie auch noch andere (potentielle) Kunden mit ein.

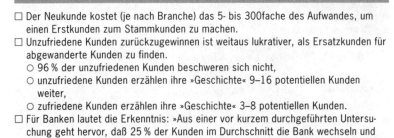

Der Erstkäufer und der Stammkunde

☐ Der Neukunde kostet (je nach Branche) das 5- bis 300fache des Aufwandes, um einen Erstkunden zum Stammkunden zu machen.
☐ Unzufriedene Kunden zurückzugewinnen ist weitaus lukrativer, als Ersatzkunden für abgewanderte Kunden zu finden.
  ○ 96 % der unzufriedenen Kunden beschweren sich nicht,
  ○ unzufriedene Kunden erzählen ihre »Geschichte« 9–16 potentiellen Kunden weiter,
  ○ zufriedene Kunden erzählen ihre »Geschichte« 3–8 potentiellen Kunden.
☐ Für Banken lautet die Erkenntnis: »Aus einer vor kurzem durchgeführten Untersuchung geht hervor, daß 25 % der Kunden im Durchschnitt die Bank wechseln und ihre Entscheidung mit Unzufriedenheit im Bereich des Service begründen.«[19]

Da lohnt sich ein Blick auf die vorhandenen und der Ausblick auf neue personalwirtschaftliche Instrumente. Belohnen sie eher die Akquisition von Neukunden oder die Pflege von Stammkunden? Haben wir ein Instrumentarium, um die unzufriedenen Kunden zu entdecken (sind wir überhaupt neugierig darauf), ein Nachsorgeprogramm, das deren Abwanderungsbereitschaft reduziert oder gar beseitigt? Haben wir ein Instrumentarium zum Kundenbindungsmanagement (Kundenwanderungsbilanz, Kundenzufriedenheitsanalysen usw.), das einerseits an die personalwirtschaftlichen Instrumente anknüpft, andererseits diese mit den notwendigen Informationen versorgt? Werden unsere herkömmlichen Instrumentarien der Beurteilung vom Urteil des *Vorgesetzten* über »Qualität« oder vom Urteil der *Kunden* über »Qualität« gestaltet und beherrscht? Kann überhaupt jemand anderes als der Kunde über die »Qualität« urteilen, wenn wir sie mit »Kundenzufriedenheit« gleichsetzen können?

Zur Untermauerung der bisherigen Ergebnisse dienen die folgenden Zahlen[20] aus der Praxis eines guten Beschwerdemanagementes.

[19] Horovitz, a. a. O., S. 58.
[20] Töpfer, a. a. O., S. 202.

	Ohne Beschwerde-management		Mit Beschwerde-management	
unzufriedene Kunden	100	100	100	100
Kunden, die sich nicht beschweren	96	80	60	40
Davon bleiben 9 % Kunden	9	7	5	4
Kunden, die sich beschweren	4	20	40	60
davon bleiben 82 % Kunden	3	16	33	49
Es verbleiben von den unzufriedenen Kunden gesamt	12	23	38	53

Die Zahlen besagen, je mehr es gelingt, die Zahl der Kunden, die sich nicht beschweren (2. Querspalte), zu senken, desto deutlich höher wird die Zahl derer, die trotz einer Unzufriedenheit Kunden bleiben (letzte Querspalte). Wir brauchen Instrumente, die es als »Leistung« belohnen, unzufriedene Kunden aufzuspüren und zufriedenzustellen.

Auch aus diesen Grundlagen entstehen weitere Anforderungen an zeitgemäße Beurteilungs- und Belohnungssysteme. Die Kurzformel »die Verkäufer werden zu Managern der Kundenbindung« wird mit ihren Auswirkungen auf die personalwirtschaftlichen Instrumente noch ausführlich darzustellen sein.

Noch ein Beispiel aus der Praxis, das uns zeigt, welchen Weg wir zurückzulegen haben, um zu kundenorientierten Beurteilungs- und Belohnungssystemen zu kommen. Zum Beurteilungskriterium »Sozialverhalten« finden sich in einem Beurteilungssystem der Praxis die folgenden Anforderungen, denen die konkrete Beurteilung durch einen Vorgesetzten zugeordnet wurde.

Sozialverhalten

Verhalten zu Vorgesetzten	Einwandfrei
Verhalten zu Mitarbeitern	Sie sollte aber manchmal die Vorgesetzte mehr herauskehren. Versucht aber bereits, ihr Möglichstes zu tun.
Maßnahmen: Aufbieten zu Kaderkursen	

Kommentar 1.: In der überkommenen Welt der Beurteilungen kommt das Sozialverhalten gegenüber Kunden nicht vor. Aber von ihm hängt das Geschäft wesentlich ab.

35

Kommentar 2.: Was nützt es dem Kunden, wenn die Mitarbeiterin künftig – gestärkt durch Kaderkurse – die »Vorgesetzte mehr herauskehrt«? Der ausschließliche Blick auf innerbetrieblich' erwünschte Verhaltensmuster herkömmlicher Systeme offenbart sich im begründenden Kommentar zu dem soeben vorgestellten Beurteilungssystem, in dem es heißt: »Es wurde uns klar, daß schon bei der Beobachtung des Sozialverhaltens durch die Vorgesetzten der Einfluß persönlicher ethisch-sittlicher Anschauungen im Sinne präformierter Verhaltensmuster auftrat . . . (So bezeichnete zum Beispiel ein Vorgesetzter das Auftreten eines Mitarbeiters als unordentlich und disziplinlos, weil er – bei anhaltender Sommerhitze – während der Arbeitszeit seinen Hemdkragen weit offen trug.)« Wir brauchen künftig Systeme, in denen es nicht darum geht, ob bei anhaltender Sommerhitze ein Mitarbeiter den Hemdkragen offen oder geschlossen trägt, sondern darum, ob er – offen oder geschlossen – mehr verkauft. Nicht eine überkommene Etikette, sondern der beste Weg zum jeweiligen Kunden steht mit Priorität zur Diskussion.

2.7 Die internen Kunden

Ein mittelständisches Unternehmen wird zu einem »Sanierungsfall«. Was kann der Firmenkundenberater (als »Profitcenter«) ausrichten? Wenn die Marktexperten, die Steuerexperten (also die »Costcenter«) seine Arbeit »vor Ort« nicht reibungslos und nahtlos unterstützen? Wer bewirkt eigentlich die »Profite« und wer die »Kosten«? Haben die Banken (gefördert durch Beratungsteams, nicht auf dem Papier, sondern in der Praxis) eine »Mannschaft« geformt, wie es die Berater in vielen externen Beratungsunternehmen vorexerzieren? Haben wir die Vorsorge getroffen, daß die Vision der »Beraterbank« den Wettbewerb mit den »Beratern« gewinnen kann? Eine weitere Frage an die Banken, um den Begriff des »internen Kunden« und die praktischen Schlußfolgerungen daraus zu klären, rührt an das »Allerheiligste« des Vertriebs. Wer erhält für welche Tätigkeit *Provisionen*? Nur der unmittelbare Abschlußmittler (wie es die Tradition festgegraben hat) oder auch die ihm zuarbeitende Mannschaft? Von der Dame bei der »Information« über die Schreibkraft im »Innendienst« bis zu den Mitarbeiterinnen und Mitarbeitern in der »Organisation«, die dem

Abschlußmittler die notwendigen Informationen über ansprechbereite Partner für (beispielsweise) einen Bausparvertrag zuspielen? Künftig wird eine Bank nur dann hochleistungsfähig sein, wenn sie zu einem »Leistungscenter« wird. Das kann sie nur werden, wenn das »Zusammen« von Profit- und Costcentern, von verschiedenen Abteilungen nicht mehr traditionsgemäß von Abschottungen und gegenseitigen Animositäten bestimmt wird. Nicht nur, aber auch, wird ein entsprechender Wandel in den Denk- und Verhaltensmustern von entsprechenden personalwirtschaftlichen Instrumenten abhängen.

Das Herzstück für die hohe Leistungsfähigkeit unseres marktwirtschaftlichen Systems ist das »freie Spiel der Kräfte« im Rollengefüge von Kunden und Lieferanten. Zwei tragende Säulen sichern den Erfolg des Systems, eine sachlich-rechtliche und eine soziale.

Die zentralen Rechte und Pflichten im Leistungsaustauschverhältnis zwischen Kunden und Lieferanten sind:

- Garantie für eine Lieferung gemäß Spezifikation nach Menge und Qualität,
- termingerechte Lieferung,
- vollständige Information und hochwertige Beratung,
- Reklamations- und Rückgaberecht bei nicht ordnungsgemäßer Lieferung,
- Zusammenwirken zum gemeinsamen Erfolg.

Eingesponnen ist dieses Leistungsaustauschverhältnis in ein Netz von sozialen Beziehungen, das Muster für erwünschtes gegenseitiges Verhalten bereitstellt. Die zentralen Wünsche und Erwartungen (»Verhaltensmuster«) in den sozialen Beziehungen sind:

- Loyalität,
- gegenseitige »Berechenbarkeit«,
- Verläßlichkeit,
- gegenseitige Achtung,
- dialogische Kommunikation und sachorientierte Auseinandersetzung bei strittigen Fragen und bei gegensätzlichen Interessen und Zielen,
- Offenheit, Vertrauen,
- Freundlichkeit und Höflichkeit.

Wir können von der gesicherten Erkenntnis ausgehen, daß die Prinzipien, die den Erfolg auf den externen Märkten tragen, auch für die internen Märkte Gültigkeit besitzen. Auch hier gelten »Angebot und Nachfrage«, da die Zeiten von »Zwangsarbeit« (in ihren unterschiedlichsten Formen) vorbei sind und weil Zwänge zur Arbeit regelmäßig keine Hochleistungsarbeit bewirken. Die »interne Marktwirtschaft« einzuführen bedeutet nicht mehr und nicht weniger, als den *Zwang* zur Leistung durch den *Willen* zur Leistung zu ersetzen. Was bedeutet das für unsere Arbeit an kundenorientierten personalwirtschaftlichen Instrumenten?

Vom Grundsatz her gesagt, unsere personalwirtschaftlichen Instrumente haben Leistungskriterien zu entwickeln, die »interne Marktverhältnisse« stützen und fördern. Was kann das konkret bedeuten? Im Verhältnis zum externen Kunden ist ein »selbstverständliches« Kriterium: »Hält Qualitätsvereinbarungen und Termine ein.« Übertragen wir das in die Welt der internen Marktbeziehungen.

a) Von ihrer Struktur her werden die Beziehungen zwischen den »Profit- und Costcentern« nicht mehr nach dem »Prinzip Planung« geordnet, sondern nach dem »Prinzip vereinbarter Leistungsverträge« geregelt. Die Frage: »Wer *muß* bis wann welche Informationen liefern?« kann allenfalls das Zusammen*organisieren* bewirken. Die Frage: »Wer braucht bis wann welche Informationen für unser Geschäft?« führt zu einer Organisation des *gewollten* Zusammen*wirkens.*

b) Die im Verhältnis zum externen Kunden geltende Haftung für vertraglich zugesicherte Leistung bedeutet dann im Verhältnis zum internen Kunden, daß die »Costcenter« als Lieferanten künftig bei Beurteilung und Entgeltfindung daran gemessen werden, inwieweit sie die »Verträge« (s. o. »Rechte und Pflichten«) mit dem Kunden »Profitcenter« erfüllen. Ganz konkret: In welchem Umfang sind die zu erbringenden Leistungen marktgerecht? In welchem Umfang werden die Aufgaben termingerecht abgeliefert? Als Antwort auf derartige Fragen wird es zur Entwicklung des produktiven Zusammenwirkens von Profit- und Costcentern künftig ein jährliches »*Profitcenter-Costcenter-Gespräch*« geben, bei dem die Beteiligten ihre Zusammenarbeit analysieren. Nicht mehr die Vorgesetzten sind (in erster Linie) die »Beurteiler«, sondern die (internen) Kunden.

Auch für die kundenorientierten *sozialen* Beziehungen im »internen« Markt stellen sich Anforderungen, auf die personalwirtschaftliche Instrumente Antworten bereitstellen müssen. So wird beispielsweise seit einiger Zeit diskutiert (über erste Versuche in der Praxis gibt es Erfahrungsberichte), inwieweit es sinnvoll ist, Vorgesetzte durch ihre Mitarbeiterinnen und Mitarbeiter beurteilen zu lassen. Aus der Sicht der internen Marktwirtschaft wird dies zu einer baren Selbstverständlichkeit. Eine regelmäßige Analyse der Kundenzufriedenheit (Mitarbeiterbefragung) hat Aufschluß darüber zu geben, wie es um die interne Kundenbindung (Zufriedenheit der Mitarbeiterinnen und Mitarbeiter, Motivation . . .) bestellt ist. Welchen Ausprägungsgrad erreichen »dialogische« Kommunikation, »Offenheit« und »Freundlichkeit«? Die Ergebnisse dieser Analysen müssen dann in das Beurteilungssystem, etwa in Formen von jährlichen »Teamgesprächen« oder »Partnerschaftsgesprächen«, eingebunden werden. Ganz präzise gesagt, der allgemein anerkannten und breit verkündeten These, daß zufriedene Mitarbeiterinnen und Mitarbeiter das wichtigste Kapital sind, muß »über Belohnungen nichtmaterieller Art und das Geld« Nachdruck verliehen werden. Dem Bekenntnis müssen Taten folgen, damit es in Realität umgesetzt wird.

2.8 Zusammenfassung der Grundlagen

Unsere Überlegungen zu den Grundlagen der Strategie der Kundenorientierung und ihrer Auswirkung auf zeitgemäße personalwirtschaftliche Instrumente lassen sich in einigen Thesen zusammenfassen.

- Kundenorientierung ist keine Modeerscheinung, sie fußt auf einem Paradigmenwechsel, der von einem Strukturwandel der Märkte verstärkt wird.
- Die wohl entscheidendste Schwierigkeit für das Management liegt darin, zu erkennen, daß die Erfolgskonzepte von gestern unter den neuen Bedingungen die Mißerfolgskonzepte von heute und morgen werden können.
- Die Neuausrichtung eines Unternehmens bedeutet ein beträchtliches Risiko. Das Festhalten am Bewährten wahrscheinlich das größere.
- Nicht unsere »Produkte« entscheiden, vielmehr bestimmt der

Kunde, was er unter einem leistungsfähigen Produkt versteht, denn ihn interessiert nur sein Nutzen.

- Nicht die Käufer/Abnehmer von Produkten, sondern die Stammkunden bestimmen maßgeblich den Gewinn des Unternehmens. Beziehungen sind so wichtig wie Produkte.

- Wenn eine neue Strategie nicht von entsprechend neuen personalwirtschaftlichen Instrumenten begleitet wird, ist das Risiko sehr groß, daß sie nach einem Strohfeuer wieder rasch versandet.

3 Die Rolle der personalwirtschaftlichen Instrumente in der Beziehung: Strategie – operatives Tagesgeschäft

3.1 Die Problematik

Die Problematik, die wir näher untersuchen wollen, läßt sich zunächst mit ein paar Fragen umreißen.

- Welche Zusammenhänge und Verflechtungen bestehen in einer Bank zwischen ihren Strategien und dem operativen Tagesgeschäft?
- Wie muß daher das Management vorgehen, um diese verschiedenen Funktionen miteinander zu verknüpfen und zu synchronisieren?
- Welche Rolle spielen die Instrumente des Managementes im Hinblick auf unser Thema, insbesondere die personalwirtschaftlichen Instrumente in diesem Gestaltungs- und Koordinationsprozeß?

Der Hintergrund dieser Fragen ist die Suche danach, wie in einer arbeitsteiligen Organisation die unterschiedlichen Gruppen zu »sehr leistungsfähigen Arbeitsgruppen werden, indem sie gemeinsame Ziele und Wertvorstellungen« entwickeln.[1]

3.1.1 Das Ganze und seine Teile – Strategie und operatives Tagesgeschäft im System

Anhand der folgenden Darstellung[2] lassen sich zunächst die Zusammenhänge zwischen Strategie und operativem Tagesgeschäft und die wichtigsten damit verbundenen Probleme aufzeigen.

Aus der Darstellung leiten sich stichwortartig zunächst im Überblick die Funktionen und Aufgaben für das Management ab, wie die Tabelle auf S. 43 sie zeigen.

---

[1] Likert, a. a. O., S. 139 f.
[2] Ulrich/Probst, a. a. O., S. 29.

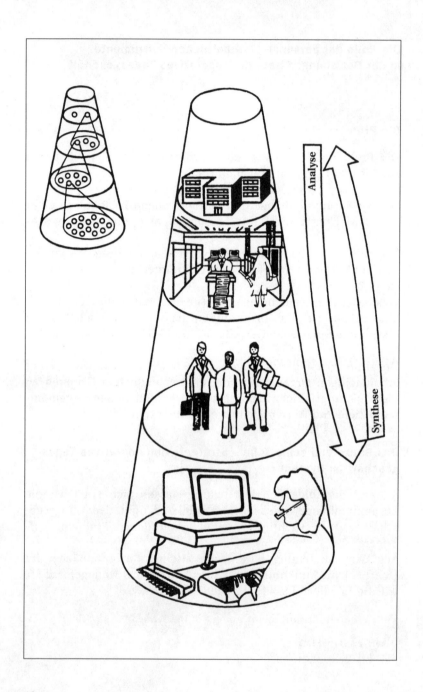

- Das leitende Management
  - Gesamtmarkt
  - Gesamtunternehmen
  - Strategien
- Das mittlere Management
  - Teile des Unternehmens
  - unterschiedliche/konkurrierende Sichtweisen und Erfahrungen
  - Teilstrategien
- Operative Ebene
  - »kleine Welt«
  - Spezialistentum
  - kurzfristige Definition von Erfolg

Im Hinblick auf die personalwirtschaftlichen Instrumente müssen diese Zusammenhänge näher untersucht werden.

3.1.1.1 Das leitende Management

Der Blick des leitenden Managementes richtet sich auf das ganze Unternehmen und dessen Markt. Es hat die (langfristig wirkenden) Grundsatzentscheidungen zu treffen. Mit welchen Strategien soll angesichts vorhandener und zu entwickelnder Ressourcen der Erfolg des Gesamtunternehmens erreicht werden? So wird beispielsweise das Spitzenmanagement einer Sparkasse nach einer Analyse der heutigen und sich abzeichnenden künftigen Märkte bewußt Prioritäten für eine Strategie setzen müssen. Sollen die »Mengenkunden« oder die »Individualkunden« im Mittelpunkt des Interesses stehen? Liegt das marktentscheidende Potential beim »Kleingewerbe«, dem »Mittelstand« oder bei »Großkunden«, in welcher Mischung dieser Marktsegmente? Eine Entscheidung, die jede Sparkasse individuell zu treffen hat, denn allein schon der örtliche Sitz (Großstadt – Land) verbietet die Suche nach einem allgemein gültigen Erfolgskonzept. Die lange Zeit eher akademisch behandelte Frage,[3] wie solche Strategieaufgaben leistungsgerecht zu vergüten sind, ist heute eine hochaktuelle Diskussion.[4] Immerhin ist noch kein Fall bekannt geworden, in denen sich die Tantiemen hochrangiger Manager danach bemessen, inwieweit es

---

[3] Vgl. Knevels, Ortlepp, a. a. O.
[4] Vgl. MM 10/1996, S. 308 f.

ihnen gelungen ist, die von ihnen als Erfolgsprinzip propagierte Kundenorientierung und Kundenbindung von der Theorie in die Praxis umzusetzen.

3.1.1.2 Das mittlere Management

Das mittlere Management in den Banken, die einzelnen »Abteilungen«, haben dagegen einen anderen Blickwinkel und eine andere Aufgabe. Ihre Aufgabe ist es, zu definieren, welche bereichs- und abteilungsspezifischen Teilstrategien, abgeleitet aus der Gesamtstrategie, zu verfolgen sind, um der vom Vorstand definierten neuen Strategie zum Erfolg zu verhelfen. Welche Teilstrategien ergeben sich beispielsweise für Profitcenter, die von »verkaufenden« zu »beratenden« Institutionen werden sollen? Welche unterstützende Software muß die »Organisationsabteilung« entwickeln, um den Profitcentern ein »aktives« Verkaufen in den neu definierten Kernmärkten zu ermöglichen? Welche weiterentwickelte Konzeption benötigt die »Personalentwicklung«, um für die operativen Bereiche geeignete Human-Ressourcen bereitstellen zu können?

Die genannte Problematik, aus der Gesamtstrategie schlüssige Teilstrategien für die mittlere Ebene abzuleiten, soll am Beispiel »Verkauf« etwas vertieft dargestellt werden. Es geht darum, daß Verkaufsmanagement zu einem wesentlichen Bestandteil von Kundenbindungsmanagement wird. Die traditionelle Aufgabe, ein Produkt zu verkaufen, besteht ganz grob aus zwei Teilaufgaben:

- Vorbereitung auf das Gespräch, Schwerpunkt dabei, einen Argumentationskatalog zu entwickeln, Dokumentation und Präsentation des Produktes vorbereiten,
- Preis- und Konditionengespräch.

Wenn wir nun Verkaufsmanagement als Kundenbindungsmanagement begreifen, ändern sich die Strukturen eines Verkaufsvorganges und die Prioritäten bezogen auf die Inhalte ganz entscheidend. Verkaufen mit dem übergeordneten Ziel »langfristige Stammkunden gewinnen« statt dem vordergründigen Ziel »heute ein Produkt verkaufen« beginnt damit, daß ein erheblicher Teil eines Gespräches mit einem Kunden den Fragen gewidmet ist, was der Kunde für *seinen* Erfolg heute benötigt und in absehbarer Zeit brauchen wird (um ein später zu behandelndes Zentralproblem anzudeuten: für diesen Zeitaufwand wird herkömmlich ein Verkäufer nicht bezahlt). Das hat einen gewichtigen Grund. Diese »Erkundungsphase« dient dazu, in dem »eigentlichen« Verkaufsgespräch auf die Situation des Kunden, auf seinen möglichen Nutzen eingehen zu können, das eigene Produkt »nur« als Vehikel zur Problemlösung beim Kunden zu sehen. Beratungs- und Problemlösungsverkauf kann nur aus der »Welt des Kunden« heraus erfolgreich sein. Honorieren unsere derzeitigen personalwirtschaftlichen Instrumente diese Aufgabe? Betrachten Sie einmal 10 Werbespots im Fernsehen, und beantworten Sie dann die beiden Fragen:

a) Welche *Produkte* werden angeboten?
b) Welche *Nutzen* sind dabei für mich als Verbraucher einsichtig geworden? Wie definieren wir künftig die »Leistung« einer Marketingabteilung?

Mit der Neuausrichtung des Verkaufsmanagements gewinnt es zunehmend die Gestalt eines mit dem Kunden gemeinsam zu erarbeitenden Problemlösungsprozesses, einer gemeinsamen Suche danach, wie der Bedarf eines Kunden bestmöglich abgedeckt werden kann, besser als der Wettbewerb es vermag. Der Kunde, nicht das Produkt, rückt in den Vordergrund.

Traditioneller Verkauf heißt »Cash und weg vom Kunden«. Kundenbindungs-Verkauf heißt »Cash und hin zum Kunden«. Im Praxisfall heißt das für eine Bank, wenn eine Kundin/ein Kunde einige Bundesschatzbriefe erworben hat, ist damit das Geschäft nicht abgeschlossen und »vergessen«. In fünf Jahren, wenn die Auszahlung dieser Bundesschatzbriefe fällig wird, haben die Kundin/der Kunde einen Bedarf für eine Vermögensberatung. Hat das der Vertrieb als Aufgabe verinnerlicht, wird er dabei von der Organisationsabteilung mit entsprechenden Daten versorgt und von der Personalabteilung durch die Belohnung von »vorausschauendem Denken« im Rahmen eines Systems der Beurteilung unterstützt?

Wir sind bei der Frage, wie eine neue Strategie (der Kundenorientierung) Erfolg hat, da sie in einer Großorganisation nicht nur verkündet, sondern durch Umsetzen in das operative Tagesgeschäft mit Leben erfüllt werden muß. Da zeigen sich zwischen den Ebenen »leitendes Management/Strategie« und »mittleres Management/Teilstrategien« gravierende Probleme unterschiedlichster Art, wie sie am Beispiel des Verkaufs angedeutet wurden. Wir werden die Frage beantworten müssen, welchen Beitrag die personalwirtschaftlichen Instrumente zur Lösung dieser Probleme beitragen können, wie belohnen sie die dem »Verkauf« neu zuwachsenden Aufgaben?

Obwohl schwierig genug, ist es die noch einfachere Aufgabe, zu einer sachlichen Gemeinsamkeit zwischen leitendem und mittlerem Management zu gelangen. Ein kleines Gremium von Entscheidern kann relativ einfach zu einer gemeinsamen Sicht des Modelles »Haus« (Strategien, Ziele) kommen, weil es seine Welt ist, in »Häusern« zu denken. Die Abteilungen denken jedoch in »Zimmern«. Hier zeichnet sich die Aufgabe einer sachlichen Koordination ab. Wie schaffen wir es einerseits, daß ein neues Entwicklungskonzept und die Neuverteilung von Budgets synchron verlaufen, daß sie andererseits auf die neue Strategie abgestimmt sind? Und wie schaffen wir es, daß die Abteilungen die bisherige Innenansicht ihrer »Zimmer« zu ändern bereit sind? In der Praxis weitaus schwieriger sind die *nichtsachlichen* Probleme, die mit der Einführung einer neuen Strategie verbunden sind. Ist der Vertrieb überhaupt bereit, seine alleinseligmachende Wahrheit (»Der Markt verlangt das«) aufzugeben? Wollen die »Juristen« begreifen, daß die »Welt« nicht nur aus Paragraphen besteht? Tragen die »EDV-Freaks« der einfachen Erkenntnis Rechnung, daß nicht die *technisch* neueste Anlage, sondern die den Vertrieb am wirkungsvollsten unterstützende *Software* die »leistungsfähigere« Anlage ist? Sind derartige Fragen in klare »Leistungsvorgaben« in den personalwirtschaftlichen Instrumenten übersetzt?

In der Sache geht es bei einer neuen Strategie darum, daß die Teilbereiche das Ganze verstehen (müssen und wollen), um ihre Teilstrategien einordnen zu können. Es geht darum, eigene, fachspezifische Erfahrungen zu relativieren, sie nicht als ausschlaggebende und dominante Faktoren zu begreifen. Auf der Ebene der »geheimen Spielregeln« (selten thematisiert, aber höchst verhaltenswirksam) kommt es darauf an, die bekannten Phänome wie »Bereichsfürstentum«, »Abteilungsegoismus«, »Zuständigkeitsdenken« und »Kompetenzrangelei« zu überwinden. Wahrlich keine einfache, aber zwingend notwendige Aufgabe, für die personalwirtschaftlichen Instrumente entsprechende Leistungskriterien zu finden.

3.1.1.3 Die operative Ebene

Betrachten wir nochmals das Schaubild zu Beginn dieses Kapitels. Auf der unteren Ebene sehen wir den einzelnen Menschen vor seinem PC »weit weg« vom Gesamtunternehmen. Das birgt die große Gefahr, daß er seine Ziele (sachliche und persönliche), sein Denken und Handeln aus seiner Welt und nicht der des Unternehmens herleitet. Fachlich richtet er seine Arbeit gewöhnlich nicht an übergeordneten Strategien, sondern am »Sinn« seines speziellen Faches aus. Der »Techniker« denkt selten kaufmännisch, der »Controller« kaum in den Kategorien des Marketing. Wir stehen vor der Problematik des (positiv bezeichnet) Spezialistentums, der Fachidiotie (wenn man es negativ benennen will). Dies steht dem erwünschten »Ziehen am gleichen Strang«, der koordinierten Schlagkraft in den Markt hinein, entgegen. Die Bedeutung der allgemeinen These für die Praxis einer Bank läßt sich ganz gut am Beispiel der »heiligen Provisionskuh« ermessen. Eine Sparkasse bietet ihren Kundinnen und Kunden einen bankeigenen »Fond« an, für den allerdings der »Vertrieb« keine Provision erhält. Gleichzeitig kann der »Vertrieb« (hochprovisionierte) Bausparverträge anbieten, deren Rendite für die Kunden geringer als die des bankeigenen Fonds ist. Was strebt der »Vertrieb« an, »Kundenzufriedenheit« oder »Provision durch einen Bausparvertrag«?

Die neuen personalwirtschaftlichen Instrumente stehen vor der schwierigen Aufgabe, die »Gewohnheitsfallen« zu durchbrechen. Die nicht aus einer neuen Strategie abgeleitete, sondern am Fach orientierte Arbeit der Spezialisten steckt in dieser Falle. Das »Eigenbild« und der eigene Maßstab für Erfolg wird aus dem, was in der Vergangenheit richtig war, abgeleitet. Beurteilungs- und Leistungsentgeltsysteme haben die Erfolgsmaßstäbe neu zu definieren. Der enorme Handlungsbedarf wird aus den Ergebnissen einer Studie deutlich.[5] »Heute beziehen ... immer noch 25 Pro-

---

[5] Kratz, a. a. O.

zent aller deutschen Topmanager ein Fixgehalt ohne jegliche Erfolgskomponente. Und eine Vielzahl der Vertriebsmitarbeiter deutscher Unternehmen wird – wenn überhaupt – nach erzieltem Umsatz, aber nicht nach ihrem Gewinnbeitrag entlohnt. Woran wir uns also künftig stärker orientieren werden, ist nicht die traditionelle ›Mitarbeiterbeurteilung‹. Als Basis werden vielmehr objektive Meßgrößensysteme und Zielvereinbarungen dienen.« Nun ist es gewiß so, daß ein Unternehmen ohne eine klare Strategie, zumal in unserer turbulenten Zeit, wenig Aussicht auf durchgreifenden Erfolg hat. Gleichzeitig gilt aber auch: »Der Meister macht das Geschäft.« Es ist weder die Funktion des Vorstandes, das Tagesgeschäft zu steuern, noch ist er fachlich und physisch dazu in der Lage, eine große Zahl von Mitarbeiterinnen und Mitarbeitern »vorzuprogrammieren«; das Ende des Taylorismus ist Realität. Also ist es unsere Aufgabe, danach zu suchen, auf welchen Wegen die unterschiedlichen Funktionsebenen auf die übergeordneten Strategien ausgerichtet werden können. Das ist der Standort und der Auftrag der personalwirtschaftlichen Instrumente.

3.2 Der Wirkungszusammenhang von Strategien und Instrumenten im Management

3.2.1 Übersicht

Die Übersicht auf der folgenden Seite zeigt die zuvor geschilderte Problematik auf. Gleichzeitig deutet sie an, mit welchen Instrumenten die wirkungsvolle Verzahnung von Strategie und operativem Tagesgeschäft unterstützt und gefördert werden kann.

Wenn eine Bank eine neue Strategie, beispielsweise die Kundenorientierung, verfolgt, müssen entsprechend die zahlreichen Aktivitäten des operativen Tagesgeschäftes neu ausgerichtet werden. Dieser Prozeß wird erfolgreich sein, wenn es gelingt, die zunächst unterschiedlichen Erwartungen des Managementes und der Mitarbeiterinnen und Mitarbeiter der verschiedenen Funktionsebenen in Einklang und Übereinstimmung miteinander zu bringen. Generell gesagt stellen das Führungs- und Organisationssystem das Instrumentarium dar, das diesen Prozeß zu gestalten hat.

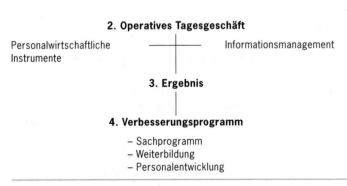

1. Strategie

Erwartungen Management ———————— Erwartungen Mitarbeiter
Führungssystem
Organisationssystem

2. Operatives Tagesgeschäft

Personalwirtschaftliche ———— Informationsmanagement
Instrumente

3. Ergebnis

4. Verbesserungsprogramm

– Sachprogramm
– Weiterbildung
– Personalentwicklung

Gehen wir zurück zu dem Beispiel »Produkt- und Beratungsverkauf«. Hier muß das Instrumentarium der Führung einsetzen. Die Neuausrichtung der Strategie muß erklärt und begründet werden (Sinnmotivation), entsprechende Zielvorgaben und Richtlinien (Organisationssystem) müssen erarbeitet werden.

Die strategische Neuausrichtung eines Unternehmens erfordert eine Reorganisation des Informationsmanagementes, das in zwei Richtungen wirksam sein muß. Einerseits gilt es, über die konkrete Ausgestaltung der Informationsströme dem operativen Tagesgeschäft zu ermöglichen, strategiekonforme Ergebnisse zu erzielen. Andererseits muß das Informationsmanagement, basierend auf den Ergebnissen, als »Feedbacksystem« dem operativen Tagesgeschäft Hilfe sein, sich den Erfordernissen immer genauer und zielgerichteter anzupassen. So müssen in dem mehrfach erwähnten Beispielsfall »Organisation« und »Vertrieb« Informationen über den genauen Bedarf der (potentiellen) Kunden sammeln und weitergeben. Unser besonderes Augenmerk wird im nachfolgenden den Aufgaben und der Ausgestaltung der personalwirtschaftlichen Instrumente gewidmet sein. Welchen Einfluß haben sie auf die bisher dargestellten Sachprozesse der Umsetzung von Strategien in tägliches Handeln? Wie müssen sie ausge-

49

staltet werden, um als Belohnungs- und Bestrafungssysteme der neuen Strategie zur Wirkung zu verhelfen? Wie können sie, ausgehend von der neuen Strategie, als Inputgeber wirken, wie werden sie als Feedback, ausgehend von zwischenzeitlich erzielten Ergebnissen, zu einem Bestätigungs- und Verbesserungsinstrument? Auf unser Beispiel angewendet, sollen erste, ganz grobe Antworten auf die Fragen gegeben werden. Die Kriterien eines Beurteilungssystems definieren (sowohl als Input/Leistungsvorgabe als auch als Meßlatte für die Bewertung der erzielten Ergebnisse), was das Unternehmen als »Leistung« versteht. Belohnen wir den propagierten Produkt- und Beratungsverkauf? Belohnen wir das Zusammen*wirken* von Profit- und Costcentern?

Keine langfristig angelegte neue Strategie, auch nicht die Kundenorientierung, kann »auf Anhieb« einen durchschlagenden Erfolg erzielen. »Incentives« jeder Art können nur (notwendige) Initialzündung sein. Ihnen müssen beharrliche Arbeit am Detail folgen, um aus dem entfachten Strohfeuer einen Flächenbrand zu erzeugen. Die angestoßene Entwicklung kann erst dann zum Selbstläufer werden. Hier setzt die Funktion des Verbesserungsprogrammes ein, das untrennbarer Bestandteil der personalwirtschaftlichen Instrumente sein muß. Im Rahmen eines solchen Verbesserungsprogrammes spielt zunächst das *Sachprogramm* eine große Rolle. Beispielsweise kommt im Rahmen der Strategie der Kundenorientierung dem Teilbereich »Kundendienst/Beschwerden« eine große Bedeutung zu. Stellt sich bei den entsprechenden Bemühungen heraus, daß die vorhandene »Technik« (z. B. Telefonanlage) nicht ausreicht, um eine sehr kurzfristige Versorgung der Kunden zu garantieren, müssen entsprechende Beschaffungsprogramme geplant und umgesetzt werden. Der zweite Teil des Verbesserungsprogrammes betrifft die *Weiterbildung*. Umfangreiche Erfahrungen bestätigen, daß es häufig dem Außendienst nur schwer gelingt, sich vom »Produktverkäufer« zum »kundenorientierten« Verkäufer zu entwickeln. Der Innendienst verbleibt bei seinen Gewohnheiten des »Beziehungsmordes« am Telefon. Hier werden, abgeleitet aus dem personalwirtschaftlichen Instrumentarium, Programme zur Weiterbildung (Verkaufstraining, Telefontraining) notwendig werden. Es geht bei der Weiterbildung darum, die Mitarbeiterinnen und Mitarbeiter für ihre *derzeitigen* Aufgaben zu qualifizieren. Programme zur *Personalentwicklung* haben zum Ziel, die Mitarbeiterinnen und Mitarbeiter auf *künftige* Aufgaben vorzubereiten. Auch dazu bilden die personalwirtschaftlichen Instrumente die Basis. Sie müssen zuverlässige Informationen über die Richtung und erforderliche Breite der Potentiale und der Anforderungen geben. Auch dazu ein Beispiel. Unter den Qualifikationen, die ein Verkäufer künftig besitzen muß, ist (beispielsweise im Bereich »Firmenkundenberatung«) ein deutlicher Wandel erkennbar. Er bedeutet das Ende des »kaufmännischen« Verkaufs. Gefordert wird der »beratende« Verkauf, bei dem nicht mehr die Verhandlung über Preise und Konditionen, sondern zunächst die Lösung des Problems des Kunden im Vordergrund steht. Programme der Personalentwicklung haben auf derartige Veränderungen eine Antwort zu geben.

3.2.2 Die Funktionen der personalwirtschaftlichen Instrumente

Die vorangegangenen Überlegungen haben den generellen Zusammenhang zwischen Strategie und operativem Tagesgeschäft und den Instrumenten des Managementes geklärt. Nun ist zu fragen, welche einzelnen Funktionen sich daraus für die personalwirtschaftlichen Instrumente ergeben. Auch dazu zunächst eine Übersicht in Stichworten.

Leitfunktion-Orientierung

☐ Erkenntnissystem
☐ Akzeptanz
☐ Denkmuster
☐ Verhaltensmuster

Radikale Marktwirtschaft

☐ Belohnung – Nutzen
☐ Bestrafung – Nachteile
☐ positive – negative Verstärkung

Regelung statt Steuerung

☐ Steuerung = Ordnung
   Vorschriften, Müssen
☐ Regelung = Organisation
   Leuchtturm, Wollen

Zu der Übersicht sollen nun Einzelheiten erörtert werden.

3.2.2.1 Leitfunktion – Orientierung

Das Ziel von personalwirtschaftlichen Instrumenten, »Leitfunktion und Orientierung« zu bieten, geht von der Erkenntnis aus, daß der persönliche Nutzen einer Arbeit, gleich welcher Art und auf welcher Ebene sie geleistet wird, darin besteht, daß sie eine *sinnvolle* Arbeit ist. Deshalb sind die hier vorgestellten Instrumente vor allem als *Erkenntnissysteme* anzusehen. Sie sollen den Sinn vermitteln, *weshalb* bestimmte Aufgaben zu erledigen sind, nicht nur, *was* zu tun ist. Aus den ferngesteuerten Marionetten sollen aktive Strategieförderer werden. Wenn Unternehmen eine Weiterentwicklung anstreben, soll diese Entwicklung, die für die Mitarbeiterinnen und Mitarbeiter zunächst mit ungeliebten Veränderungen verbunden ist, als sachgerecht, sinnvoll und nützlich verstanden und akzeptiert werden. So soll beispielsweise aus der weithin unbeliebten Aufgabe der Bearbeitung von Kundenreklamationen im Rahmen von Kundenorientierung eine »spannende« und herausfordernde Aufgabe werden. Das erfordert, daß die mit Reklamationen befaßten Mitarbeiterinnen und Mitarbeiter anhand von Untersuchungsergebnissen, Daten und Fakten begreifen, welche Chancen zum Entwickeln von Kundenzufriedenheit in einer raschen und gründlichen Reklamationsbearbeitung liegen. Erst dann wird aus einer lästigen eine herausfordernde Arbeit. Erst dann erhalten entsprechende Kriterien in einem Beurteilungssystem einen positiven Sinngehalt.

Ihrer Orientierungs- und Leitfunktion werden die Instrumente gerecht, wenn sie klären, in welche Richtung sich Denk- und Verhaltensmuster entwickeln sollen. Gegenüber den erworbenen Gewohnheiten und der (kurzfristigen) Ausrichtung am Tagesgeschäft soll der langfristige Wandel gefördert und belohnt werden. Gerade heute gilt: Das Festhalten am Gewohnten (als »normale« Erscheinung, weil es Sicherheit verspricht) darf sich nicht lohnen. In seiner Struktur ist diese Problematik nicht neu. Viele Unternehmen haben das Problem zum Beispiel beim Übergang vom Mengen-Akkord zum Qualitäts-Akkord bewältigen müssen. Nun stehen sie vor der nächsten Notwendigkeit, Leistungsentgelt an Kundenzufriedenheits-Kriterien ausrichten zu müssen.

Als Folgerung leitet sich aus diesen Überlegungen ab, daß die neuen Instrumente direkt aus der neuen Strategie abzuleiten sind.

Wird etwa im Rahmen der Strategie Kundenorientierung festgelegt, daß Kundenerwartungen den Vorrang vor primärer Risikoabsicherung haben, so ist zu analysieren, welche veränderten Denk- und Verhaltensmuster sich daraus für die Arbeit des Marketing, etwa für den Teilbereich der Werbung, ergeben. Dann läßt sich im Rahmen eines Beurteilungssystems ermitteln, ob die tatsächlich entwickelten Werbematerialien kundenorientiert gestaltet werden.

3.2.2.2 Radikale Marktwirtschaft

»Menschliche Verhaltensweisen lassen sich als Waren betrachten, die bewertet und getauscht werden.«[6] Diese These, daß Mitarbeiter »radikale Marktwirtschaftler«[7] sind, läßt sich sehr anschaulich belegen, wenn wir das Zusammentreffen zweier Managerdelegationen zu einer Verhandlung beobachten. Die Anfahrt der Wagen im Halteverbot direkt vor dem Haupteingang, die sorgfältige Präsentation der Krokoköfferchen, die Rolex, die aus dem Ärmel hängt . . . All das Gehabe und Getue ist teuer und nutzlos für das Unternehmen, aber von ganz großem Nutzen für die Beteiligten. Sie werden zu »Workaholics«, um diesen Nutzen immer wieder zu gewinnen. Sie tauschen Arbeitsbesessenheit gegen den Genuß von Status und Prestige.

Das Beispiel führt zu zwei grundsätzlichen Feststellungen.
- Menschen tun das, wovon sie sich selbst Nutzen und Belohnung versprechen.
- Menschen unterlassen (vertuschen, verstecken), was ihnen Nachteile und Bestrafung bringen kann.

Und ein Weiteres zeigt das Beispiel: Nutzen/Schaden haben zwei Gesichter. Sie können materiell sein, auch Manager freuen sich über eine Prämie zusätzlich zu ihrem Gehalt. Nutzen kann auch sehr wirksam als immaterielle Leistung erfahren werden. Der bewundernde Blick der Kollegen auf den Krokokoffer zeigt doch, daß sich »Leistung lohnt«. Das Prinzip der radikalen Marktwirt-

---

[6] Simon, a. a. O., S. 16.
[7] Simon, a. a. O.

schaft hat natürlich auch ein materielles Gesicht; Mitarbeiter engagieren sich für das, wofür sie Bares erwarten können. Ein Beispiel aus der Praxis, ein Unternehmen will ein Programm zur kontinuierlichen Verbesserung (KVP) einführen. Es steht vor dem üblichen Problem: »Bei den Mitarbeitern herrscht – wie nicht anders zu erwarten – bei der KVP-Einführung überwiegend eine abwartende Einstellung, gemischt mit Ablehnung, vor.«[8] Mit dem Angebot materieller Nutzen lassen sich solche Widerstände (zu spürbaren Teilen) aus der Welt schaffen und einem neuen Instrument zum Erfolg verhelfen. »Zwei Drittel der Unternehmen lassen die Aktivitäten ausschließlich während der Arbeitszeit stattfinden. 54 Prozent vergüten die dafür zusätzlich aufgewandte Zeit.«[9] Wenn der Volksmund schon lange weiß, daß man mit Speck die Mäuse fängt, sollte das Management anzustrebende Erfolge (nicht nur) mit Predigten erreichen wollen.

Doch Vorsicht: Gegenüber einer immer noch weit verbreiteten Ansicht, Mitarbeiter seien *nur* über Geld motivierbar, gilt es die Folgerungen aus dem ersten Beispiel zu ziehen und zunächst zu überlegen, auf welche Weise insbesondere ein Beurteilungssystem *immaterielle* Gegenleistungen anbieten kann. Dabei wäre zum Beispiel daran zu denken, wie das Beurteilungsgespräch noch stärker als bisher zu einem Mitarbeiter- und Zielfindungsgespräch ausgebaut werden kann. Auch ist zu überdenken, inwieweit die übliche jährliche Beurteilung um weitere Instrumente, etwa um »monatliche Kurzbilanzen« oder (innerhalb einer Abteilung) »den Kundenerfolg des Monats« oder die monatliche Ernennung eines »Mister Dienstleistung«, bereichert werden kann. Aus den Nutzenüberlegungen leiten sich dann für die Ausgestaltung der Instrumente zwei Wege ab. Zum einen können die Instrumente aufzeigen, daß das Erreichen hoher Kundenzufriedenheit *unmittelbar* persönlichen Nutzen bedeutet, weil dadurch persönliche Bedürfnisse erfüllt werden, beispielsweise in der Form von Anerkennung oder Geldprämien. Zum anderen gilt es, die *mittelbaren* Nutzen einsichtig zu machen, zum Beispiel den Zusammenhang nicht nur zu behaupten, sondern auch anhand von Fakten zu belegen, daß zufriedene Kunden ein wesentlicher Beitrag für einen

[8] Peiner, a. a. O.
[9] Peiner, a. a. O.

sicheren Arbeitsplatz sind. Mittelbar trägt hohe Kundenzufriedenheit zu persönlichem Nutzen bei, wenn Prämien daran geknüpft sind, die dem Mitarbeiter die Befriedigung von Bedürfnissen (Bsp. Hobby) ermöglichen, die im Rahmen der Arbeit nicht befriedigt werden können.

Diese Nutzenerwägungen bedeuten, daß personalwirtschaftliche Instrumente nach dem Prinzip der positiven und negativen Verstärkung gestaltet werden. Das ist ja das Grundtheorem, das der These von der radikalen Marktwirtschaft zugrunde liegt. Dabei sind die erwünschten, zu verstärkenden Verhaltensweisen so zu definieren, daß sie einen unmittelbaren Zusammenhang mit der Kundenorientierung aufweisen. So müssen etwa Zielvorgaben im Rahmen eines »Management by Objectivs« ganz eindeutig von Kundenerwartungen her entwickelt werden. Mitarbeiterinnen und Mitarbeiter müssen sehr präzise wissen, an welche Ereignisse die Verstärker angebunden sind. In dem Kapitel über Operationalisierung werden wir das Thema sehr eingehend behandeln müssen.

3.2.2.3 Regelung statt Steuerung

Einen gewichtigen Beitrag zu einem zeitgemäßen Führungssystem leisten die personalwirtschaftlichen Instrumente, indem sie den Wandel von Steuerungs- zu Regelungssystemen fördern.

Anhand des Stichwortes »mündige Bürger« läßt sich als Entwicklung festhalten, daß unsere Gesellschaft ihre Bürger zunehmend »in die Freiheit entlassen« hat. Die rasche Entwicklung einer Bildungsgesellschaft hat dazu einen wesentlichen Beitrag geleistet. Bildung macht frei, lautet das Schlagwort. Es besagt, daß der Gebildete die Zusammenhänge überblickt und durchschaut, deshalb auch seine Verhältnisse eigenverantwortlich gestalten will. Selbstbestimmung, Selbstorganisation, Mitsprache bei der Gestaltung des eigenen Lebensraumes sind Erwartungen und Forderungen, die die Menschen in und an unsere Gesellschaft stellen. Diese Gesellschaft erreicht ihre Ziele, wenn die Bürger diese *wollen*. Dieses Selbstverständnis vom Menschen, der seine Angelegenheit selbst *regeln* will, steht in einem wesentlichen (hier überbetonten) Gegensatz zu einer traditionellen Vorstellung von Gesellschaft, in der die Menschen strikt *gesteuert* werden. In früheren Gesellschaften, für die es nur *eine* Wahrheit gab, die die »Oberen« besaßen, schrieb eine Fülle von Gesetzen und Moralvorschriften jedem Menschen in allen Einzelheiten vor, was er zu tun und zu lassen hatte. Diese Gesellschaften erreichten ihre Ziele, indem sie die Bürger ihrem Willen unterwarfen, sie hatten die Struktur eines Systems des *Müssens*. Was bedeutet das für die künftige Struktur der personalwirtschaftlichen Instrumente?

Ganz in Übereinstimmung mit dem Leitbild einer gesteuerten Gesellschaft wurden bis weit in unsere Zeit hinein Unternehmen tayloristisch gedacht. »Oben« wurde gedacht, »unten« wurde Arbeit genau nach Detailanweisung, Stellenbeschreibung und einer Fülle von Richtlinien ausgeführt. Mitarbeiterinnen und Mitarbeiter waren (nur) »Arbeitskräfte«. Beurteilt und bezahlt wurden die Mitarbeiterinnen und Mitarbeiter danach, wie genau sie die entsprechenden Anforderungen erfüllten. Ethische Anforderungen (»Industrietugenden«) als weitere Beurteilungsmerkmale (»Fleiß«, »Gehorsam«, »Pünktlichkeit« . . .) verstärkten dieses System der Steuerung.

In einer Bildungs-, Wissens- und Informationsgesellschaft, die dem Prinzip der Regelung Rechnung trägt, müssen dagegen die personalwirtschaftlichen Instrumente eine neue Qualität gewinnen. Bildlich gesprochen, die Instrumente dienen künftig nicht mehr dazu, zielgerichtet den Mitarbeiterinnen und Mitarbeitern vorzuschreiben, wie sie schwimmen sollen. Die Mitarbeiterinnen und Mitarbeiter gelten als »Leistungs-« und »Produktivitätskräfte«. Jene sollen »Leuchttürme« bauen, damit diese wissen, wohin sie schwimmen sollen, und sie sollen ihnen bestätigen, wenn sie dort angekommen sind. Das ist der berechtigte Kern der Forderung nach dem Mitarbeiter als »Unternehmer im Unternehmen«.

Konkret bedeutet das, daß in den neuen Instrumenten mit den Mitarbeiterinnen und Mitarbeitern klar definierte *Ziele*, die sie erreichen müssen, vereinbart werden, um das Gesamtziel des Unternehmens Kundenorientierung zunehmend genauer zu verwirklichen. Der hohe Wissensstand, das tiefe Spezialwissen, die von den »Oberen« nicht mehr beherrscht werden, und vor allem der Wille der Mitarbeiterinnen und Mitarbeiter, dieses Wissen bei ihrer Arbeit einzusetzen, die Energien sollen sich auf die strategischen Ziele des Unternehmens ausrichten. Systeme zur Beurteilung wandeln sich von Vorschriften-Systemen zu Selbst-Lenkungs-Systemen.

Ein kleines Beispiel aus der Praxis soll unsere Überlegungen in die Sprache des Alltags übersetzen. Der Vorsitzende des Vorstandes eines großen Konzerns äußerte sich in einer Betriebsversammlung. »Wer das Betriebliche Vorschlagswesen fördert, betreibt Führung, wie ich sie mir vorstelle. Führung heißt, alles zu tun, damit die Mitarbeiter erfolgreich sind. Wer das BVW blockiert, wird unser Unternehmen verlassen müssen. Wer das BVW bremst, bremst auch mich als Schutzpatron des Betrieblichen Vorschlagswesens. Ich lasse mich aber von niemandem bremsen.« Das ist die Sprache der Macht, der Steuerung, die aus den gescholtenen Führungskräften gewiß »begeisterte« Förderer des Betrieblichen Vorschlagswesens machen wird. Die Alternative wäre, daß der Vorstandsvorsitzende, da es sich bei einem lebendigen BVW um eine gewichtige Frage handelt, sich zunächst einige Stunden Zeit nimmt, um sein Projekt der Führungsmannschaft zu begründen. Dann würde diese Mannschaft auch verstehen und wollen, sofern er sie überzeugen konnte, weshalb das Unternehmen die Beurteilung und die Leistungsprämie für die Führungskräfte im kommenden Jahr spürbar an die Menge und Qualität der Verbesserungsvorschläge, die aus der Abteilung in der nächsten Leistungsperiode kommen, knüpft. »*Der Vorgesetzte bewirkt, daß im kommenden Jahr eine Quote von 8 Verbesserungsvorschlägen je Mitarbeiter erzielt wird.*« Auch diese Überlegungen zeigen, daß es künftig keine generellen Systeme mit allgemeinen Kriterien wie »Fleiß« oder »Kreativität« mehr geben kann. Jedes Unternehmen braucht ein spezifisches System, das genau auf seine individuelle Strategie abgestimmt, aus ihr abgeleitet ist. Und im Unternehmen benötigen wir bereichs- und stellenspezifische Leistungsvorgaben. Man kann auch sagen, Beurteilungssysteme verfolgen keine Zwecke »an sich«, sind keine freischwebende Veranstaltung. Personalwirtschaft ist keine »eigenständige« Funktion im Unternehmen. Alle Bereiche und Instrumente haben zum Ziel, die Gesamtstrategie des Unternehmens, die Kundenorientierung, zu fördern und zu unterstützen.

3.2.3 Wirkung von Instrumenten

Wenn man für eine italienische Gemüsebrühe eine feine Julienne braucht, ist ein rasiermesserscharfes Küchenmesser sehr nützlich.

Um das Holz für den Kamin zu spalten, braucht man dagegen eine kräftige Axt. Um eine Julienne herzustellen, wäre die Axt kontraproduktiv, denn sie würde das Gemüse zerquetschen, statt es in feinste Streifen zu zerlegen. Art und Eigenschaften der Instrumente, die man für eine Aufgabe einsetzt, hängen daher von den angestrebten Zielen ab. Wenn wir für die Aufgabe der Kundenorientierung angemessene Instrumente fordern, müssen sie die Wirkungen entfalten, die nachfolgend, zuerst in einer Übersicht, beschrieben werden.

Unterstützung und Herausforderung

– Ergebnisorientierung
– Belohnung für Verbesserung des Kundenzufriedenheitsindex

Prozeßorientierung

Kontraproduktive Elemente beseitigen

Auch den Gedanken aus dieser Übersicht wollen wir mit einigen Einzelheiten nachgehen.

3.2.3.1 Unterstützung und Förderung durch Ergebnisorientierung

Personalwirtschaftliche Instrumente werden ihrer Aufgabe gerecht, wenn sie die Strategie der Kundenorientierung unterstützen und fördern. Dazu müssen sie mehrere Anforderungen erfüllen, nämlich,

– die Strategie bezogen auf den eigenen Aufgabenbereich einsichtig und begreiflich machen;
– eine klare, operationale Zielvereinbarung herbeiführen;
– die Bandbreite des im Hinblick auf die Ziele erwünschten und nützlichen Arbeits- und Sozialverhaltens anhand von Kriterien erkennen lassen;
– anhand von Daten und Fakten eine Analyse ermöglichen, in welchem Umfang und aufgrund welcher Ursachen die vereinbarten Ziele erreicht/nicht erreicht wurden. Diese Analyse wiederum ist die Grundlage für Zielbestätigungen, Zielveränderungen und Verbesserungsprogramme.

Generell bedeuten diese Anforderungen, daß die Instrumente nicht mehr aus dem Blickwinkel »das Unternehmen ist mit einem *idealen* Mitarbeiter zufrieden«, sondern aus der Sicht »die Kunden sind mit den Leistungen des Unternehmens/der Mitarbeiter zufrieden« aufgebaut werden. Beurteilungs- und Belohnungssysteme müssen einen »Kundenzufriedenheitsindex« widerspiegeln, sie sind *ergebnisorientiert*. Was nützt es dem Unternehmen, wenn die Mitarbeiterinnen und Mitarbeiter fleißig sind, aber ihren Fleiß am falschen, den Kunden nicht interessierenden Projekt austoben?

Personalwirtschaftliche Instrumente können die Strategie der Kundenorientierung einsichtig machen, wenn sie sich nicht mehr mit einem abstrakten Kriterienkatalog als Vorgabe begnügen. Die »papierenen« Formalien sind lediglich Auslöser für Gespräche, in denen für einen größeren Zeitraum die zu erreichenden Bereichsziele erörtert und beschlossen werden. Zu Beginn einer Leistungsperiode werden daher nicht nur die neuen Formulare zur Beurteilung ausgefüllt, vielmehr sind als erster Schritt ausführliche Gespräche über die zu erreichenden Jahresziele erforderlich. Die Instrumente müssen also gewährleisten, daß die Mitarbeiterinnen und Mitarbeiter nicht nur zur Kenntnis nehmen, *daß* wir die Kosten um x Prozent senken müssen, sondern *weshalb* das notwendig ist.

In einer Bilanz können Wünsche, Meinungen, allgemein gehaltene Absichten nicht abgerechnet werden. Bilanzen erfordern, daß angestrebte und erreichte Zustände, Erfolge und Mißerfolge in meßbare Daten übersetzt werden. Wenn bei den personalwirtschaftlichen Instrumenten Erfolge und Mißerfolge abgestufte Zuteilungen von immateriellen und materiellen Gegenleistungen erlauben sollen, ist es zwingend notwendig, daß ganz grundsätzlich die abgesprochenen Zielvorgaben *operational* gefaßt werden müssen. Ihr Erreichungsgrad muß meßbar bzw. anhand eindeutiger Kriterien beurteilbar sein. Es genügt also zum Beispiel nicht, daß gefordert wird: »Anträge auf eine Baufinanzierung werden rasch und sachgerecht durchgeführt«. Erst der Maßstab: »98 Prozent der Baufinanzierungsanträge sind spätestens nach 2 Tagen bearbeitet« ermöglicht einem kundenorientierten Unternehmen, seinen Kunden entsprechende Zusagen zu machen.

Aus der Behandlung des Unterschiedes zwischen Steuerung und Regelung wurde das Prinzip der Selbstorganisation, das sich auch in personalwirtschaftlichen Instrumenten abbilden muß, angesprochen. An einem praktischen Beispiel gezeigt bedeutet das beispielsweise, daß die telefonische Ansprache von potentiellen Neukunden nicht penibel nach vorgegebenen Listen vorgeschrieben wird. Das ergänzende Prinzip der Regelung lautet:»Der Mitarbeiter organisiert sich so, daß er wöchentlich mindestens 12 potentielle Neukunden telefonisch ansprechen kann.« Mit einer derartigen Leistungsvorgabe werden zwei Ziele erreicht. Zum einen wird in der Sache eine intensive Ansprache von Neukunden gefördert. Zum anderen wird das traditionelle abstrakte Beurteilungskriterium »handelt eigenverantwortlich« durch eine konkrete Aufgabe ersetzt. Dabei ist von großem Vorteil, daß bei der hier vorgeschlagenen Fassung konkret festlegt, was unter Eigenverantwortung zu verstehen ist.

3.2.3.2 Förderung der Prozeßorientierung

Wenn ein Beurteilungssystem von einem Mitarbeiter im Außendienst fordert, daß er »mindestens 6 × im Jahr, auch unabhängig von Gesprächen über einen konkreten Auftrag, seine A-Kunden besucht«, kann man von einem »prozeßorientierten« Beurteilungskriterium sprechen. Ein solches *Prozeßkriterium* (im Rahmen der Kundenbetreuung) läßt sich nicht direkt mit einem Ergebnis (»Umsatz«) in Zusammenhang bringen. Derartige Prozeßkriterien sind jedoch äußerst wichtig, »weil die Prozesse verbessert werden müssen, ehe wir verbesserte Ergebnisse erwarten können . . . In anderen Worten: Man nimmt den Prozeß so wichtig wie das erwartete Ergebnis selbst«.[10] »Bringe deine Prozesse in Ordnung« als Leitgedanke löst sich von einseitiger Ergebnisorientierung. Die kundenorientierte Qualität der Prozesse hat neben den erzielten Ergebnissen einen eigenständigen Wert. Dazu ist erforderlich, daß in einem Beurteilungs- und Belohnungssystem die wichtigsten, nämlich wertschöpfenden Elemente abgebildet sind. Durch Prozeßkriterien läßt sich beispielsweise die »Servicequalität genausogut messen wie die Verkaufsleistung«[11]. »Kundenanfragen werden innerhalb von . . . beantwortet.« Gleiches

[10] Imai, a. a. O., S. 39.
[11] Veenema, a. a. O.

gilt beispielsweise für die Auftragsabwicklung.[12] »Die Auftragsabwicklung hält sich strikt an die Projektplanung«, oder »Im nächsten Jahr wird in der Fertigung der ›projektbezogene Einkauf von internen Dienstleistungen‹ verwirklicht«, setzen prozeßorientierte Leistungsziele, die eine leistungsorientierte Beurteilung und Vergütung der Kundenbetreuung im Innendienst ermöglichen.

3.2.3.3 Kontraproduktive Elemente beseitigen

Wenn Unternehmen ihre Strategien neu ausrichten, ergänzen, erweitern, verbleiben bei den bisher eingesetzten Instrumenten meistens Elemente, die die alten, aufgegebenen Strategien stützen, sich deshalb kontraproduktiv auf die neue Strategie auswirken. Zahlreiche Erfahrungen aus der Vergangenheit belegen, daß die neuen Qualitätsstrategien ohne durchschlagenden Erfolg blieben, solange das Entgeltsystem weiterhin ausschließlich auf Mengenbelohnung aufgebaut war. Was das im Hinblick auf ein kundenorientiertes Beurteilungs- und Leistungsentgeltsystem bedeuten kann, soll das folgende Beispiel erläutern.

Unsere Überlegungen gingen von der Suche danach aus, wie eine Bank in den heutigen Märkten einen Wettbewerbsvorteil erzielen, sich den »USP« sichern kann. Die Erörterungen zum »Gesamtprodukt« liefern dazu wichtige Hinweise. Das »nackte Produkt«, die »reine Dienstleistung« bieten keine Chance zur dauerhaften Differenzierung im Markt. Nicht nur die Bank-Wettbewerber im Einzugsgebiet bieten dem Kunden (zumindest aus dessen Sicht) gleichwertige und gleichartige Produkte an; prinzipiell können die heute von Banken angebotenen Dienstleistungen auch von Nicht-Banken geleistet werden (zumindest was das Mengengeschäft betrifft). Und wenn kurzzeitig eine Bank sich über ein neues Produkt zu profilieren vermag, kann der Wettbewerb »über Nacht« mit einer Kopie auf den Markt kommen. Zu der These, daß der Wettbewerbsvorteil (nur) von der »Software«, dem Beratungsverkauf im weitesten Sinne, kommen kann, sind zwei Gedanken von ausschlaggebender Bedeutung. Emotionen, Beziehungen, Vertrauen (die erfolgsentscheidend sind) sind nicht »technisch« herstellbar, sie sind nicht »kopiefähig«. Es sind von und zwischen

---

[12] Vgl. Hartmann, a. a. O.

Menschen wirkende Einflüsse und Prozesse. Den in diesem Sinne »besseren« Kundenberater kann der Wettbewerb nicht »abkupfern«. Der zweite Gedanke erschließt sich aus den Grunderkenntnissen der Wahrnehmungspsychologie. Stellen Sie sich einen Moment die Situation vor: Sie sind gegen Mittag beim Einkaufen in der Stadt, und Ihr Magen knurrt. Sie nähern sich der Verkaufstheke mit den leckeren Lachsbrötchen. Da erblicken Sie die schmutzige Schürze der Verkäuferin. Die Lust auf das Produkt (Lachsbrötchen) ist Ihnen gründlich vergangen. Die »Wahrnehmung«, also auch die Beurteilung der Qualität des Produktes, wird von den (höchst subjektiven!) Informationen aus der »Umgebung« des Produktes gesteuert. Das Lachsbrötchen wurde ja in der Küche hergestellt, die Verkäuferin mit ihrer schmutzigen Schürze ist nie mit ihm in Berührung gekommen, trotzdem ist Ihnen der Appetit vergangen. Eine Bank, die den entscheidenden Wettbewerbsvorteil erringen will, muß also nicht nur anerkennen, daß nicht ihre »objektiven« Leistungen den Ausschlag geben, sie muß ihre Erfolgsstrategie auf die Qualität der »subjektiv wirkenden« Dienstleistungen »rund um das Produkt« gründen. Die Strategie der Kundenorientierung zwingt zum Wandel vom Produkt- zum Beratungsverkauf. Sie besagt, daß alle Geschäftskontakte von der Situation und der Sicht der Kunden her zu gestalten sind. Dafür bringt unser einfaches Eingangsbeispiel noch eine ganz wesentliche Zusatzerkenntnis. Der künftige Kunde wird nur einen Teil seines monatlichen Gehaltes für seinen aktuellen Lebensunterhalt benötigen. Der Rest dient anderen Bedürfnissen und Erwartungen (die im Zeitpunkt der Eröffnung des Gehaltskontos meist nicht aktuell/bewußt sind): Urlaub, eigene Wohnung und deren Einrichtung, Auto ... Das damit angesprochene Problem wird deutlich, wenn wir fragen, wieviel Prozent der Finanzierungen eines neuen PKW noch durch eine traditionelle Bank erfolgen. Es sind deshalb nur noch wenige, weil eine herkömmliche Bank wartet, bis ein Kunde aus einem aktuellen Anlaß das Produkt »Kredit« bei ihr nachfragt. Die kundenorientierte Beraterbank dagegen hat bereits bei früheren Geschäftskontakten (und aus ihrer Datenbank, die auf den einzelnen Kunden statt auf Kundensegmente hin gestaltet ist) den Kunden für künftige Fälle eines Kreditbedarfs an sich gebunden. Der kundenorientierte Berater, der »vom Kopf des Kunden her« denkt – darin unterscheidet er sich wesentlich vom

Produktverkäufer –, erkennt, daß der Kunde aus Anlaß der Eröffnung eines Gehaltskontos eine Beratung zu seiner mittel- bis langfristigen Finanzsituation benötigt, daß der aktuelle Anlaß eine Beratung zum Vermögensaufbau nahelegt, dem Kunden jedenfalls nützlich wäre. Nicht die herkömmliche Sicht der Bank (»Ist er kreditwürdig für ein Gehaltskonto?«), sondern die Beratung aus der Sicht des Kunden heraus (»Wie kann er seine Einkommens- und Vermögenssituation so ordnen, daß er ›kreditfähig‹ für künftige Geschäfte wird?«) begründet den künftigen Erfolg, auch der beratenden Bank.

Die These, daß »nicht der Kunde, sondern der Stammkunde den Erfolg auf Dauer« bringt, ist zwar unmittelbar einsichtig, wird jedoch nicht das tatsächliche Verkaufsverhalten ändern, wenn die Bank das zweite Problem nicht löst, die (vor allem materielle) Belohnung des Beratungsverkaufs statt des Produktverkaufs. Solange kurzfristige Verkaufserfolge in einer Rechnungsperiode mit guter Beurteilung, Prämien und Provisionen belohnt werden, wird kaum ein Kundenberater sich dem aufwendigen, sich nur langfristig auswirkenden Beratungsverkauf zuwenden. Solange er Beratungszeit nicht als »verkaufsaktive« Zeit begreift und honoriert erhält, wird ihm das Hemd der baldigen Provision näher sitzen als die Jacke der vom Vorstand verkündeten Strategie der Kundenorientierung. Über solchen Egoismus kann man jammern. Nützlicher ist es, wenn die Verantwortlichen in einer Bank daraus die Konsequenzen für ein kundenorientiertes Handlungsprogramm für ihre Praxis ziehen.

Wie sehen die Zusammenhänge mit den personalwirtschaftlichen Instrumenten aus? Durch spezifische Kriterien bei der Beurteilung (»mindestens 90 Prozent der Gesprächsprotokolle entsprechen dem vorgegebenen Standard«) sichert die Bank, daß die Kundenberater zunächst (wie im »Standardprotokoll« vorgegeben) die Situationen der Kunden, deren Probleme und Interessen (»Nutzenerwartungen«) erfassen, bevor sie ein zur Problemlösung geeignetes Produkt anbieten.

Der Strategiewechsel zur Kundenorientierung macht daher eine Überprüfung des vorhandenen Instrumentariums erforderlich. Es muß untersucht werden, inwieweit es Elemente enthält, die das Denken und Handeln der Mitarbeiterinnen und Mitarbeiter in die »verkehrte« Richtung steuern, damit kontraproduktiv sind. Das erfordert (zumindest in den Erläuterungen für die Anwender vorhandener Systeme) neue Begriffsbestimmungen. Eine zentrale Bedeutung hat hier die Definition: *»Unter Qualität verstehen wir Lösungen, die dem Kunden einen höheren Nutzen als die bisherigen Angebote bieten, und zwar mehr, als die Leistungen des Wettbewerbs.«*

3.3 Zusammenfassung der Rolle der personalwirtschaftlichen Instrumente

Das Kapitel läßt sich mit ein paar Forderungen zusammenfassen.

- Eine neue Strategie wie die Kundenorientierung hat nur durchschlagenden Erfolg, wenn ihre Einführung in einem Gesamtsystem gesehen wird. Strategien und Instrumente des Managementes müssen aufeinander abgestimmt sein und zusammenwirken.
- Die neue Strategie der Kundenorientierung braucht neu gestaltete personalwirtschaftliche Instrumente, die diese Strategie fördern und unterstützen: die Instrumente müssen ergebnisorientiert sein und die Leistungsergebnisse meßbar und nachvollziehbar darstellen.
- Die veränderten/neuen Instrumente müssen Anreize bieten, die Prozesse im Unternehmen kundenorientiert zu gestalten.
- Bisher vorhandene Instrumente müssen unter dem Gesichtspunkt überprüft werden, inwieweit sie kontraproduktive, gegen die neue Strategie wirkende Elemente enthalten.

4 Ziele für das personalwirtschaftliche Instrumentarium

Die bisherigen Überlegungen führten zu einer Vielzahl von Anforderungen, denen kundenorientierte Beurteilungs- und Belohnungssysteme gerecht werden müssen. Daraus werden nun die Ziele für diese personalwirtschaftlichen Instrumente abgeleitet.

Die Ziele des personalwirtschaftlichen Instrumentariums, die Funktionen, die es im Rahmen des Managementes hat, haben in den vergangenen Jahren einen sehr grundlegenden Wandel erfahren. Es war 1969, als wir in einem 3tägigen Seminar »Probleme des Beurteilungswesens« sehr breit und sehr kontrovers die Frage diskutierten, ob dem Mitarbeiter seine Beurteilung offengelegt werden solle. Da schütteln wir heute verständnislos den Kopf und fragen, mit welchem vernünftigen Ziel denn früher überhaupt Mitarbeiterinnen und Mitarbeiter beurteilt wurden. Vergessen wir bei allem berechtigten Kopfschütteln nicht, daß viele heute noch gebräuchliche Beurteilungssysteme zumindest dem Geiste nach noch aus jener Zeit stammen.

Ein zweiter Vorgedanke ist noch erforderlich, wenn wir uns von der Welt der »Zeugnisse« und »Domestizierungsinstrumente« verabschieden und der Welt zeitgemäßer personalwirtschaftlicher Instrumente als »Sinngeber« zuwenden wollen. Stark vereinfacht und recht radikal ausgedrückt, geht es darum, daß Beurteilung und Leistungsentgeltfindung früher dazu dienten, daß die Mitarbeiterinnen und Mitarbeiter tun *müssen,* was die Vorgesetzten wollen. Heute und künftig geht es darum, daß sie das tun, was *sie selbst wollen.* Dazu müssen die Instrumente Hilfen geben, daß das selbst Gewollte auch »das Richtige« ist. Wenn wir uns dieser Grundaufgabe der personalwirtschaftlichen Instrumente nähern, gilt es von der Illusion Abschied zu nehmen, daß Mitarbeiterinnen und Mitarbeiter das tun, was für das Unternehmen nützlich ist. Als Realisten müssen wir davon ausgehen, daß sie das tun, was ihnen selbst den größtmöglichen Nutzen bringt. Die Synthese aus diesem Spannungsverhältnis ist das vielleicht tiefste Ziel. Die Instrumente müssen bewirken, daß die Mitarbeiterinnen und Mitarbeiter einen eigenen Nutzen darin sehen und erfahren, daß sie Nutzen für das Unternehmen stiften. Daß diese Zielwirksamkeit der personalwirtschaftlichen Instrumente nur erreicht werden kann, wenn die sich in den Instrumenten niederschlagenden materiellen Sachziele nicht als Ziel*vorgaben* diktiert, sondern als Ziel*vereinbarungen* erarbeitet werden, ist heute fester Bestandteil der Führungslehre.[1] In unserem Zusammenhang ist das Thema jedoch nicht weiter zu vertiefen. Das bedeutet, was wir als »Winner – Winner – Game«, als Erfolgskonzept im Verhältnis zum externen Kunden bezeichnen, gilt es auch im Verhältnis des Unternehmens zu seinen internen Kunden, den Mitarbeiterinnen und Mitarbeitern, umzusetzen. Setzen wir das in praxisgerechte Ziele um.

Im Gleichklang mit der Grundstrategie der Kundenorientierung ist es das oberste Ziel der personalwirtschaftlichen Instrumente, die Kundenzufriedenheit und damit die Kundenbindung zu bewirken und zu stärken. Für den Markterfolg des Unternehmens kommt es zudem darauf an, daß sich die Kundenzufriedenheit aus einem Vergleich mit dem Wettbewerb ableitet. Aus dieser Konstellation ergibt sich eine Reihe von Teilzielen. Sie werden zuerst in einer Übersicht zusammengestellt.

Zufriedenheit der Kunden stärken
– Ziele der personalwirtschaftlichen Instrumente –

1. Intern
- Strategien – Instrumente
  periodischer Abgleich
  Handlungsvorgaben
- Motivation
  Ziele
  Belohnung
- Anspruchsniveau
  Eigenbild Mitarbeiter
  Fremdbild Vorgesetzter
- Herausforderung/Wettbewerb

2. Extern
- Leistungsfeld/Kundenbild
  Erwartungen Kunde
  Prioritäten Kunde
- Zufriedenheit Kunde
- Vergleich zum Wettbewerb

3. Soll-Ist-System
(Abgleich des Eigenbildes MA mit dem Fremdbild des Vorgesetzten und dem Bild des Kunden)

☐ Beurteilung – Leistungsbericht
☐ leistungsbezogenes Entgelt
☐ Verbesserungsprogramme für den Markt
☐ Weiterbildung
☐ Personalentwicklung
☐ Soll-Vorgabe für die nächste Leistungsperiode

---

[1] Vgl. Hecking, a. a. O., S. 64 ff., insb. S. 66.

4.1 Die intern ausgerichteten Ziele

Die personalwirtschaftlichen Instrumente sollen einen periodischen Abgleich zwischen den Zielen des Unternehmens und den Zielen der Mitarbeiter herbeiführen. Auch bei einer langfristig gleichbleibenden Grundstrategie können sich kürzerfristig veränderte Prioritäten etwa aus Konjunkturschwankungen oder gesetzlichen Änderungen ergeben. So kann beispielsweise bei einer Bank bei einer Änderung des Sozialversicherungsrechts das Geschäft mit den Möglichkeiten zur Ergänzung gesetzlich gesicherter Renten zeitweise zu einem besonderen Schwerpunkt werden.

Aus dem Gesichtspunkt der Motivation heraus müssen die Instrumente den Mitarbeiterinnen und Mitarbeitern sinnvolle, herausfordernde und eindeutige Ziele setzen. Sie müssen für das Erreichen der Ziele angemessene und dem Belieben der Vorgesetzten entzogene (materielle und immaterielle) Belohnungen vorsehen. Die Systeme müssen berechenbar sein.

Die Instrumente müssen den Abgleich zwischen dem »Eigenbild« der Mitarbeiterinnen und Mitarbeiter und dem »Fremdbild« des Vorgesetzten ermöglichen. Aus den Erkenntnissen der Lehre vom *Anspruchsniveau* wissen wir, daß eine Höchstleistung als »Anspruch an sich selbst« aus diesem gelungenen Abgleich erwächst. Er bewahrt die Mitarbeiterinnen und Mitarbeiter vor einer Überschätzung der eigenen Leistungsmöglichkeiten; sie legen sich »die Latte« nicht mehr zu hoch, und sie legen sich nicht mehr die falsche »Latte« auf, beides mit den negativen Folgen heftiger Frustration. Der gelungene Abgleich führt die Mitarbeiterinnen und Mitarbeiter aber auch von einer Unterschätzung der eigenen Möglichkeiten weg, sie legen sich die »Latte« nicht mehr zu niedrig. Der Prozeß des Abgleichs zwischen Eigen- und Fremdbild führt also zu einer anspruchsvollen, herausfordernden und gemeinsamen Sicht. Diese wird von den Mitarbeiterinnen und Mitarbeitern durch den Auseinandersetzungsprozeß dann als *eigener* Leistungsmaßstab verinnerlicht.

Im »Inputteil« der Instrumente muß Raum sein, um sich mit den Herausforderungen des Marktes, den Leistungen der Wettbewerber auseinanderzusetzen. Maßstab der Mitarbeiterinnen und Mitarbeiter für die eigene Leistung darf nicht nur das sein, was sie können. Ein anderer Maßstab muß eingeführt werden, nämlich das, was sie hinsichtlich der Kundenerwartungen besser als die Wettbewerber können sollen und wollen. Dieser Aspekt dient vor allem dazu, daß der »Bessere im Wettbewerb« zu sein nicht als Diktat des Vorgesetzten (fremder Wille), sondern als Herausforderung an sich selbst (eigener Wille) verstanden wird.

4.2 Die extern ausgerichteten Ziele

Das Wirkungsfeld von Mitarbeiterinnen und Mitarbeitern beschränkt sich nicht auf die eigene Arbeits- und Aufgabenwelt aus ihrer Sicht. Für das Unternehmen und seine Erfolge im Hinblick auf seine Kunden ist immer die Frage von Bedeutung, was der Kunde von diesem Aufgabenfeld erwartet. Daher müssen die Instrumente den Mitarbeiterinnen und Mitarbeitern Hilfen anbieten, ihren Blickpunkt auf die eigene Arbeit um den Erwartungshorizont der Kunden an die eigene Arbeit zu erweitern. Nicht die eigene Arbeit »an sich« als Selbstzweck, sondern die Kundenerwartung, Arbeit als Mittel für einen Fremdzweck, soll das Denken und Handeln der Mitarbeiterinnen und Mitarbeiter leiten.

Die zu entwickelnden Instrumente haben daher das Ziel, daß aus der Auseinandersetzung zwischen dem »Eigenbild der Mitarbeiter« und dem »Fremdbild des Vorgesetzten« ein »Kundenbild« als letztlich entscheidende Handlungsmaxime entsteht. Der extern gerichtete Blick der personalwirtschaftlichen Instrumente bricht die Fixierung der Mitarbeiterinnen und Mitarbeiter auf die eigene Arbeit und den daraus abgeleiteten Leistungsmaßstäben auch bei einem zweiten Aspekt auf. Meistens haben Mitarbeiter eine Mehrzahl von Aufgaben zu bewältigen. Nun gilt es, den Blickwinkel dafür zu stärken, welche dieser Aufgaben eine höhere Wertschöpfung *für den Kunden* bewirken und deshalb Priorität bei der Arbeit haben. Ein Beispiel soll das Problem verdeutlichen. Eine Bank, die den Service für die Kunden, speziell den »problemlosen« Kontakt für wichtig hält, gibt den Mitarbeiterinnen und Mitarbeitern zwei Leistungskriterien vor. »Das Telefon wird spätestens beim dritten Klingeln abgehoben« und »telefonische Kundenwünsche nehmen wir direkt auf, ohne ständig weiterzuverbinden«. Um solche Ziele erreichen zu können, bedarf es natürlich einer Unterstützung durch Weiterbildung und Hilfen technisch-organisatorischer Art. Es bedarf aber zuvörderst einer neuen Denkhaltung, daß man solche Ziele überhaupt anstreben *will*: »Weg von der Verwaltung – hin zum Kunden!«

Einen entscheidenden Durchbruch zur Kundenorientierung bewirken zeitgemäße Beurteilungs- und Belohnungssysteme, wenn sie ihren Fokus nicht mehr auf die Leistung, sondern die Zufriedenheit des Kunden mit dieser Leistung richten. Was nützt es einer Bank, wenn ihre »Buchhaltung« einem Kunden nach einer Beschwerde innerhalb von 14 Tagen auf den Pfennig genau nachweisen kann, daß eine Buchung ihre Richtigkeit hat, wenn ein Kunde dieser Branche erwartet (weil der Wettbewerb das leisten kann), daß solche Vorgänge innerhalb von 4 Tagen erledigt werden? Unsere neuen Instrumente dürfen daher die Maßstäbe für Leistung und Erfolg nicht aus der Arbeit als solcher, sondern aus den Erwartungen der Kunden als Maßstab ableiten.

4.3 Personalwirtschaftliche Instrumente als Soll-Ist-Systeme

Aus den vorangegangenen Überlegungen ergibt sich, daß die Systeme zur Beurteilung und Findung von Leistungsentgelt eine Doppelfunktion haben. Anhand von Soll-Ist-Vergleichen sollen sie einerseits die Vergangenheit »bilanzieren«. Die Qualität der Leistungen in der vergangenen Leistungsperiode soll belohnt/bestraft werden. Auf der anderen Seite sind sie »Handlungssysteme« als Basis für die Gestaltung der Zukunft. Die Grundlage dieses Soll-Ist-Vergleiches wird in der »Inputphase« geschaffen. In ihr werden in einem Abgleich von Eigenbild (Mitarbeiter), Fremdbild (Vorgesetzter) und einem (vermuteten) Kundenbild die Erwartungen an die nächste Leistungsperiode als Beurteilungskriterien festgelegt. Am Ende der Leistungsperiode kommt es dann darauf an, anhand »harter Daten« festzustellen,

– inwieweit die erzielten Ist-Ergebnisse mit den Soll-Vorgaben übereinstimmen,
– wo die Ursachen für (positive und negative) Abweichungen liegen,
– inwieweit Abweichungen den handelnden Personen zurechenbar sind (Vermeidbarkeit, Verantwortung),
– welche Schlußfolgerungen daraus für die Belohnung/Bestrafung der Vergangenheit und für ein zukunftsgerichtetes Verbesserungsprogramm zur Steigerung der Leistungsfähigkeit zu ziehen sind,

– welche neuen Soll-Vorgaben für die nächste Leistungsperiode zu
entwickeln sind.

Zur Erläuterung dieser Zusammenhänge sollen uns wieder Untersuchungsergebnisse aus der Praxis dienen. »Vertriebscontrolling«,
heißt es bei Apel/Buhr[2], »ist in vielen Unternehmen noch immer
unterentwickelt. Nur gut 54 Prozent der von MC Informationssy-
steme Anfang dieses Jahres befragten 110 Manager in Marketing
und Vertrieb gaben an, daß Vertriebscontrollingsysteme bei ihnen
im Einsatz sind. Weitere 37 Prozent haben ein solches System in
Planung, aber immerhin jeder zehnte hält es für sinnvoll, hat es
aber nicht in Planung oder gar im Einsatz.« Angesichts eines solchen Befundes könnte ein Leistungskriterium als Soll-Vorgabe für
das Controlling sein: »Entwickeln eines Systems der Kunden-
deckungsbeitragsrechnung.« Das wäre eine Vorgabe, um von einer
produktorientierten zu einer kundenorientierten Deckungsbeitragsrechnung zu kommen. Für eine Bank ein äußerst wichtiges
Instrument zur Steuerung der Bearbeitung der Märkte, das überhaupt nicht detailliert genug sein kann. »Welches Profitcenter leistet bei welchen Kunden welchen Beitrag zum Erfolg?«

Und gleichzeitig zeigt sich an dem Beispiel, daß es ohne die
Entwicklung solcher Instrumente auch kein funktionierendes,
kundenorientiertes Beurteilungs- und Belohnungssystem geben
kann. Sie müssen mit dem Instrument des Controlling verknüpft
werden, statt auf veralteten Kriterien wie »Arbeitsmenge« und
»Arbeitsgüte« zu verharren. Die »Zahlen« des Controlling müssen
zu Soll-Vorgaben für die Profitcenter für die nächste Leistungsperiode umgesetzt werden. In der Phase der Prüfung der Ist-Ergebnisse am Ende der Leistungsperiode muß dann das Beurteilungssystem Auskunft darüber geben, inwieweit die Soll-Vorgabe erfüllt
wurde. »Steht« das System? Gibt es qualifizierte Informationen für
eine bessere Steuerung des Vertriebes, zum Beispiel durch eine
fundierte Aussage zur Klassifizierung von A-, B- und C-Kunden?

In den tradierten Systemen der Beurteilung und Leistungsentgeltfindung ist der ausschlaggebende Faktor für die notwendigen
Wertungen im Rahmen der genannten Systeme das Urteil des Vorgesetzten. In kundenorientierten Systemen geschieht an diesem

[2] BddW, a. a. O.

Punkt eine wichtige Veränderung, das Urteil des Kunden ersetzt das Urteil des Vorgesetzten. Das weist darauf hin, daß die neuen personalwirtschaftlichen Systeme auch neue Instrumente benötigen (die das »Marketing« ohnehin braucht). Kundenerwartungsanalysen und Kundenzufriedenheitsanalysen mögen an dieser Stelle als Stichworte genügen, auf Einzelheiten wird an späterer Stelle noch einzugehen sein.

4.4 Resümee zu den Zielen

Wir können die Überlegungen zu den Zielen von personalwirtschaftlichen Instrumenten folgendermaßen zusammenfassen.

- Sie sind keine »Verwaltungsakte« im Rahmen eines zementierten Systems der Steuerung, sondern zentrale »Schalter« in einem System der Regelung.
- Sie müssen eine Basis sein, um eine sachgerechte Vergütung der in der Vergangenheit erbrachten Leistungen zu gewährleisten.
- Sie bilden die Grundlage für die »Zielorientierung« für künftiges Handeln.
- Sie liefern die Informationen, um strategiestützende Verbesserungsprogramme zu entwerfen und zu realisieren.
- Die Ausgestaltung von der Kundenzufriedenheit her ist oberstes Ziel.

5 Das Gesamtprodukt, Grundstruktur eines Systems zur kundenorientierten Beurteilung

5.1 Das Gesamtprodukt, speziell der Beratungsverkauf

Eine Grundthese der Kundenorientierung lautet, daß Kunden nicht Produkte, sondern Gesamtprodukte kaufen. Das soll zuerst an einem neutralen, also branchenfremden Beispiel gezeigt werden. Weshalb hat sich ein Kunde, der einen neuen PKW kauft, für ein bestimmtes Modell bei einem bestimmten Autohaus entschlossen? Seine Motive dafür sind vielfältig und vielgestaltig. Ob die Technik an dem gekauften PKW gut ist, konnte der Kunde vor dem Kauf nicht prüfen, er *vertraut* dem guten Ruf/Image der Marke. Vielleicht war die Lieferzeit angemessen kurz, war der Preis für die Inzahlungnahme des Gebrauchten kulant und die vermittelte Finanzierung problemlos. Mit den früheren Inspektionen in dem Autohaus war der Kunde zufrieden, der Meister in der Reparaturannahme war kompetent und freundlich . . . Ein Kunde kauft also nicht ein technisches Produkt PKW, sondern ein ganzes Paket von materiellen und immateriellen Leistungen. So hat er auch ein umfangreiches Paket unterschiedlicher Erwartungen an dieses »Gesamtprodukt«.

Es herrscht völliges Einvernehmen zu der These, daß den Banken nicht der Kunde, sondern der Dauerkunde den größeren wirtschaftlichen Erfolg garantiert. Was heißt das für die Praxis? Was hat das mit der Entwicklung vom Produkt- zum Beratungsverkauf zu tun? Der junge Mann im früheren Beispiel ist für die herkömmliche, in kurzfristigen Geschäftsperioden denkende Bank ja kein besonders interessanter Kunde. Mit dem Führen des Gehaltskontos und den geringen Umsätzen darauf wird nicht das »große Geld« verdient. Für die kundenorientierte, langfristig orientierte Beraterbank wird er dennoch ein sehr interessanter Kunde sein können, wenn er als Dauerkunde gewonnen werden kann; bezogen auf seine Lebenszeit bietet er ein erhebliches Potential von Geschäftsvolumen. Wir erkennen das Problem genauer, wenn wir unser Eingangsbeispiel ein wenig weiterschreiben. Der junge Mann arbeitet seit einiger Zeit in seinem Beruf, denkt vielleicht an

den Erwerb einer Eigentumswohnung (nach einer kleinen Erbschaft), hat vielleicht einen mittleren Lottogewinn. Kommt er mit
seinen daraus resultierenden Fragen »selbstverständlich« zuerst
zu »seiner« Bank? Es ist offensichtlich, daß die Antwort auf die
Frage nicht nur davon abhängt, daß eine Bank ihm zuvor einige
ordentliche Produkte verkauft und sein Gehaltskonto fehlerfrei
geführt hat. Wer ein »Problem« hat, also vor einer Entscheidung
steht, für die er Informationen, Hilfe und Rat braucht, wendet sich
an Personen (wichtiger als Institutionen), denen er vertraut, weil
er sie als kompetent, fair und unabhängig schätzt, auf die er sich
verlassen kann, die ihm sympathisch sind.

Die Entwicklung vom Produkt- zum Beratungsverkauf fordert
den »neuen« Kundenberater. Dieser muß nicht nur von ganz anderen Denkhaltungen und Einstellungen her sein tägliches Verhalten dem Kunden gegenüber am »Point of sale« gestalten; er
benötigt auch gänzlich veränderte kommunikative und soziale
Befähigungen und Fertigkeiten. Ganz im Hinblick auf die tägliche
Praxis wollen wir deshalb nach der Struktur des Beratungsverkaufs, im Gegensatz zum Produktverkauf, fragen. Schauen wir einmal in ein »klassisches« Seminarprogramm »Verkauf«, mit dem
Kundenberater auf ihre Aufgaben vorbereitet werden, hinein. Bei
allen Varianten der einzelnen Anbieter sind immer zwei eherne
Kernbestandteile vorhanden. Zunächst wird in einem »Nutzen-«
oder »Argumentationskatalog« erarbeitet, welche besonderen
Eigenschaften die Produkte/Dienstleistungen der anbietenden
Bank besitzen. Wohlgemerkt: Vorteile der Produkte »als solche«,
nicht gemessen an der Frage, ob diese Vorteile einem konkreten
Kunden auch nützlich sind. Die Folgen in der Praxis eines derart
produktbezogenen Trainings können aus der Erfahrung eines
Freundes geschildert werden. Für die Finanzierung einer Eigentumswohnung wurde ihm ein Kredit zu $\times$ Prozent bei 10 Jahren
Festschreibung des Zinssatzes angeboten. »Ein Superangebot,
denn Sie können zehn Jahre fest kalkulieren (die Bank auch?).«
Vermutlich war das tatsächlich (für die Bank?) ein gutes Produkt,
mein Freund hat es dennoch nicht gekauft, weil für ihn in seiner damaligen finanziellen Situation ein Kredit zu einem niedri-
geren Zinssatz, der dafür nur auf fünf Jahre festgeschrieben war,
günstiger war. Die Bank dachte an ihre Situation, nicht an die des
Kunden.

Der zweite eherne Bestandteil von »klassischen« Verkaufsseminaren ist dann »Argumentationsstraining und Einwandbehandlung«. Schaut man sich die Lehreinheiten näher an, so geht es darum, mit der Hilfe eines rhetorischen Instrumentariums Einwände der Kunden gegen das Produkt zu entkräften, das Produkt positiv zu argumentieren. In der schlimmeren Form derartiger Instrumentaltrainings führt das dann zu den »100 Tricks erfolgreicher Verkäufer« oder Erfolgsbüchern (!) »Manipulieren – aber richtig«. Durchsetzen – durchdrücken – in den Markt drücken, immer noch gibt es Unternehmen, die auf die kurzfristigen Erfolge des »Strukturverkaufs« (also der Drückerkolonnen) mehr Wert legen als auf das langfristige Erfolgsgeschäft des Beratungsverkaufs. Das ist keine Frage von Moral oder Ethik, sondern eine Frage der Erkenntnis: In den 40 Jahren Wachstumsmärkten war selbstverständlich der kurzfristige Erfolg (um jeden Preis) der Maßstab. In den heutigen und künftigen Käufermärkten kann eine Bank jedoch mit den früher erfolgreichen Instrumenten nicht mehr gewinnen. Übrigens: »Moderne« Trainer ergänzen dann als weiteres Aufbauseminar ihr bisheriges mit einem »Lächelkurs«, damit ihr veraltetes Programm wenigstens in einer »kundenfreundlichen« Umgebung abläuft. Wenn wir in die (künftige) Erfolgswelt des Beratungsverkaufs kommen wollen, brauchen die Kundenberater (entsprechend der Strategie der Kundenorientierung) ganz andere kommunikative Befähigungen und Fertigkeiten. Auf eine (auch verkürzende) Formel gebracht, geht es darum, aus einem Verkauf als »Durchsetzungsprozeß« (für das eigene Produkt) einen »Überzeugungsprozeß« zu machen. In einem Seminar zur Entwicklung und Stärkung von Beratungskompetenz hat ein Training »Verkauf« daher eine ganz andere Struktur. Bemühen wir nochmals den Fall des jungen Mannes. Er hat inzwischen ein paar Jahre gearbeitet. Einige Bundesschatzbriefe, die er in der Zwischenzeit gekauft hat, sind fällig geworden: auf seinem Konto hat sich eine interessante Summe angesammelt. Der Kundenberater hat ihn zu einem Gespräch eingeladen (die kundenorientierte Bank wartet ja nicht, bis ein Kunde aus einem aktuellen Bedarf heraus selbst kommt, sie erkennt aus ihrer Datenbank, zu welchem Zeitpunkt ein Gespräch für ihren Kunden nützlich ist). Sinnvollerweise heißt verkaufen jetzt zuerst einmal, die Situation des Kunden zu erfassen. Wie ist seine Einkommens- und Vermögenssituation heute und in der überschaubaren künftigen Zeit? Welche Wünsche will er sich kurz- und mittelfristig auf der Grundlage seiner Vermögenssituation gönnen? Welchen persönlichen Nutzen will er erzielen? Dann ist der Berater gefragt, der nicht danach schielt, mit welchem Produkt er die größere Provision erhält, sondern welches Produkt diesem Kunden in dessen Situation den größeren Nutzen bringt. Die langfristige Kundenbindung, nicht der kurzfristige Umfang von Provisionen muß vom Kundenberater als eigener Maßstab seines Erfolges verinnerlicht werden. Aus dem geschilderten Fall wird eine doppelte Hürde klar. Ein wirklich kundenorientierter Beratungsverkauf kann nur Realität werden, wenn nach dem Grundsatz gehandelt wird, daß der Kundennutzen im Vordergrund steht. Machen wir uns das nicht zu leicht. Gehen wir von den einfachen pausbäckigen Versprechungen zu der zweifachen Hürde der Praxis. Das Management der Bank darf sich nicht (allein) von »Quartals- und Jahreszahlen« leiten lassen. Der Verkauf des (für die Bank kurzfristig) ertragsreichsten Produktes ist nicht unbedingt dasjenige, das einen Kunden zum Dauerkunden, auf den die Bank angewiesen ist, macht. Die Beurteilungen, die Belohnungs- und Bestrafungssysteme dürfen daher auch nicht nur auf »Quartals- und Jahreszahlen« beruhen. Sie müssen auch aus (längerfristig wirksamen) »Kundenzufriedenheitszahlen« abgeleitet werden. Längerfristig gedachte Strategien dürfen nicht durch kurzfristig wirkende Instrumente konterkariert werden.

> **Anforderungen an die Grundstruktur von Beurteilungs- und Leistungsentgeltsystemen**
>
> - Die Erwartungen der Kunden sind der Ausgangspunkt, alle wesentlichen Erwartungen sind in die Systeme einzubeziehen.
> - Alle »Stellen« (Mitarbeiterinnen und Mitarbeiter) werden von den Systemen erfaßt.
> - Die Prioritäten liegen bei den Leistungen »rund um das Produkt«.
> - Ein Schwerpunkt liegt bei den Aufgaben zur Förderung einer Stammkundschaft durch Beratungsverkauf.
> - Instrumente müssen unternehmensspezifisch sein.

5.2 Die dem »Gesamtprodukt« entsprechende Grundstruktur

Der Grundstruktur unserer Instrumente nähern wir uns, wenn wir eine Matrix erstellen, die einerseits die »Erwartungsfelder« der

Kunden widerspiegelt, andererseits auch die »Handlungsfelder« aufzeigt, in denen die Kundenerwartungen befriedigt werden.

Kundenzufriedenheit und Gesamtprodunkt			
Erwartungsfelder	**Handlungsfelder**		
	vor dem Kauf	Kaufentscheid	Nachbetreuung
Kundenorientiertes Produkt			
Kundenorientierte Leistungen			
»rund um das Produkt«			
Kontakt und Kommunikation			

Zu dieser allgemeinen Grundstruktur sind Erläuterungen speziell zum Management bei Banken erforderlich.

5.2.1 Erwartungsfelder: Was der Kunde von uns erwartet

In drei typischen Feldern lassen sich die vielgestaltigen Erwartungen von Kunden, wie wir sie bei den Ausführungen zum »Gesamtprodukt« geschildert haben, in Gruppen zusammenfassen. Unsere personalwirtschaftlichen Instrumente müssen die drei Dimensionen »kundenorientiertes Produkt«, »kundenorientierte Leistungen rund um das Produkt« und »Kontakt/Kommunikation« berücksichtigen.

Bei der Dimension »kundenorientiertes Produkt« brauchen wir Zielsetzungen und Ergebnisse zu der Frage, inwieweit unsere technischen (»nackten«) Produkte den Erwartungen unserer Kunden gerecht werden. Bei den »kundenorientierten Leistungen rund um das Produkt« geht es um die »Software«, die ein technisches Produkt erst zum marktfähigen Produkt macht. Ein System, das sich an Nutzen für und Zufriedenheit von Kunden orientiert, muß den »Transmissionsriemen« Kontakt und Kommunikation einschließen. Die Kommunikation ist der »Übersetzer«, um Kundenerwartungen und Leistungen des Unternehmens in Einklang zu bringen.

Der typischen Antwort auf solche Thesen: »Das machen wir doch schon immer!« müssen exemplarische Ergebnisse aus Untersuchungen über die Praxis als Denkstoff und zur produktiven Verunsicherung entgegengehalten werden. »Die Ergebnisse aus 400

Kundengesprächen sind niederschmetternd: 39% der getesteten Institute (Geschäftsbanken, Sparkassen und Volksbanken) erhielten die Bewertung ›schlecht‹ oder ›sehr schlecht‹, 6% schnitten mit ›gut‹ ab, mit ›sehr gut‹ keines.«[1] Ist unser Haus *wirklich* besser? Beruht unser Handeln auf einem realistischen oder geträumten »Fremdbild« unserer Kunden?

Um die erforderlichen Daten über den Markt zu gewinnen, ist die Personalwirtschaft auf eine enge Zusammenarbeit mit Verkauf und Marketing angewiesen. Soweit das Unternehmen relativ einfache Produkte und Dienstleistungen anbietet, wird es vielfach genügen, wenn dem Außendienst eine entsprechende, systematische Sammlung von Informationen als Aufgabe zugewiesen wird. Bei komplexen Produkten, die als Gesamtprodukt ein umfangreiches Service-Paket enthalten, sind dagegen moderne Analyseinstrumente wie etwa das Conjoint Measurement[2] gefordert.

Die später im Detail geschilderte Analyse des Bedarfs der Kunden in den Erwartungsfeldern ist die Basis für ein Beurteilungssystem. Sie gewährleistet die Ausrichtung allen Handelns im Unternehmen auf den Fokus Kunden.

5.2.2 Handlungsfelder: Wer erfüllt den Bedarf des Kunden?

In den vorangegangenen Überlegungen dieses Kapitels sind wir zu dem Schluß gekommen, daß kundenorientierte Qualität eine Aufgabe aller Mitarbeiterinnen und Mitarbeiter ist. Dies muß sich folgerichtig auch in der Grundstruktur der personalwirtschaftlichen Instrumente widerspiegeln. In der grundlegenden Matrix sind deshalb drei »Handlungsfelder« gekennzeichnet, in denen Banken die Erfüllung von Kundenerwartungen erarbeiten. Im Detail können diese Handlungsfelder von Bank zu Bank recht unterschiedlich sein, sie spiegeln jedoch immer die drei idealtypischen Anforderungen an eine kundenorientierte Organisation wider.

Das Handlungsfeld »vor dem Kauf« betrifft alle Aktivitäten der Bank zwischen der Entwicklung von Produkten und deren Verkauf. Dies ist für Banken ein wichtiger, wenn auch nicht der entscheidenste Bereich. Im Feld »Entwicklung von Produkten« haben

[1] Herd/Bärtele, a. a. O., S. 19.
[2] Simon/Mengen, a. a. O.

beispielsweise die meisten Banken statt des ehemaligen »Einheits-Sparvertrages« eine breite Palette von kundenorientierten Varianten entwickelt. Aus Einzahlungsmodus (regelmäßig, sporadisch), Einzahlungsbetrag (gleichbleibend, wechselnde Höhe) oder Verfügbarkeit des angesparten Betrages (Abruf eines Teilbetrages trotz »fester« Anlage) haben sie Sparformen entwickelt, die den Kundenbedürfnissen sehr flexibel Rechnung tragen. Vergleichbar werden durch die rasch zunehmende Komplexität des Wirtschaftsgeschehens (insbesondere auf das Firmenkundengeschäft) und die explosionsartige technische Entwicklung (Stichwort: »Electronic Banking«) Differenzierungsaufgaben auf die Banken zukommen. Um die Entwicklung zu steuern, müssen die personalwirtschaftlichen Instrumente daher sehr präzise, auf die zu definierenden Strategien zugeschnittene statt der bisherigen allgemeinen Zielvorgaben entwickeln. In dem auf Außenwirkung bedachten Marketing sollen die personalwirtschaftlichen Instrumente die Aktivitäten der beteiligten Mitarbeiterinnen und Mitarbeiter darauf konzentrieren, die Aufmerksamkeit der (potentiellen) Kunden auf die Leistungen der Bank zu lenken. Dies wird durch kundennutzenorientierte statt produktorientierte Information und Kommunikation bewirkt. In diesem Handlungsfeld gilt es vor allem, ein kundenorientiertes Marketing zu fordern und zu unterstützen.

Im Handlungsfeld »Kaufentscheid« steht ein kundenorientiertes Beurteilungssystem vor einer seiner wichtigsten Herausforderungen. Es gilt, den Sprung vom produkt- zum kundenorientierten Verkauf in den Denk- und Handlungsmustern zu schaffen. Die Instrumente müssen die am Verkauf beteiligten Personen beim Wechsel ihres Rollenverständnisses unterstützen: Informationsmanager, bezogen auf Kundenerwartungen, zu werden, statt Produkte »abzusetzen«.

Die Einstellung »Cash und weg« sollen die personalwirtschaftlichen Instrumente im Handlungsfeld »Nachbetreuung« durch »Cash und hin« ersetzen. Sie sollen das Bewußtsein schärfen und entsprechendes Handeln belohnen, daß das Prinzip »nicht der Kunde, sondern der Stammkunde bringt den Gewinn« in die Praxis umgesetzt wird. Neben dem Verkauf eines Produktes an einen Kunden soll die Bindung eines Kunden an Produkte, Unternehmen und Personen eine zumindest gleichwertige Priorität gewinnen.

5.2.3 Anforderungen an die Grundstruktur eines zeitgemäßen Instrumentes

Die Grundstruktur der neuen Instrumente erfüllt also die folgenden Anforderungen.

- Alle Erwartungen (Bedarf und Bedürfnisse) von Kunden spiegeln sich in den Leistungsanforderungen, wenn die Erwartungsfelder entsprechend differenziert werden.
- Alle »Stellen« in der Bank, die einen Beitrag zur Kundenzufriedenheit leisten (und das sind »alle«), werden über die Detaillierung der Handlungsfelder einbezogen.
- Die Prioritäten sind bei den Leistungen rund um das Produkt in den Instrumenten zu verankern. Die Forderung beruht auf der Erkenntnis, daß in den »reifen« Märkten die Kunden für ihre Probleme (zumindest aus ihrer Sicht) mehrere gleichartige und gleichwertige Alternativen haben. Der USP (»unique selling proposition«) kommt aus der Software.
- Durch die Betonung des Handlungsfeldes »Nachbetreuung« tragen die neuen Instrumente der Tatsache Rechnung, daß nicht die Kunden, sondern die Stammkunden als »cashcows« den Gewinn des Unternehmens bestimmen. Kundenpflege und Kundenbindung werden neben Verkaufen (im herkömmlichen Sinne) zu gleichwertigen Leistungskriterien.
- Auf der noch recht abstrakten Ebene der bisherigen Darstellungen ist die Grundstruktur der Instrumente für alle Unternehmen gleich. Für die Praxis der Banken gilt jedoch, daß, ausgehend von dieser gemeinsamen Basis, jede Bank »ihr« spezielles System entwickeln muß. Jede Bank hat spezielle Kunden, spezifische Märkte, unterschiedliche Stärken und Schwächen (»Kernkompetenzen«). Daher hat auch jede Bank – aus der Sicht der Kunden – ein anderes »Gesamtprodukt«. Das gilt es bei den nächsten Kapiteln im Auge zu behalten.

Das zuvor bereits angeschnittene Thema der Zusammenarbeit von Personalwirtschaft und Marketing muß an dieser Stelle um einen zusätzlichen Gesichtspunkt erweitert werden.

Die unterschiedlichen Funktionen von (traditionellem) Marketing und zeitgemäßen personalwirtschaftlichen Instrumenten lassen sich mit den beiden Sichtweisen »Mikrozensus« – »Makrozensus« kennzeichnen. »Marketing« ermittelt, daß »95 Prozent der Kunden zufrieden sind«. Eine gute und stolze Zahl, die zeigt, daß die Richtung stimmt. Im Mikrozensus für den einzelnen Verkäufer gilt es jedoch zu ermitteln, inwieweit die 5 Prozent nicht zufriedenen Kunden in seinem Verkaufsbereich angesiedelt sind. Wenn ein Unternehmen noch besser werden will, geht es nicht um die »95 Prozent«, sondern um die Fa. Müller oder die Fa. Meier. Das »Marketing« hat zu ermitteln, inwieweit die Strukturen, also die Strategien, im Markt eine positive Resonanz finden. Die personalwirtschaftlichen Instrumente (unterstützt von einem aussagekräftigen Controlling) müssen dem einzelnen Mitarbeiter aufzeigen, wie er auf seiner Ebene des Tagesgeschäftes in seinem Wirkfeld vorgehen muß, um von den »95 Prozent« auf »98 Prozent« zu kommen. Hier muß das herkömmliche Marketing seine Instrumente verfeinern, um den Vorgesetzten die erforderlichen Informationen geben zu können. Marketing und Personalwirtschaft müssen also zur einander ergänzenden und miteinander durch ein Informationsmanagement verflochtenen Einheit werden. »Es genügt nicht, die Gesamtzufriedenheit zu untersuchen, sondern auch Zufriedenheiten mit einzelnen Aspekten und Komponenten.«[3] Wir brauchen Klarheit über den Beitrag der einzelnen Mitarbeiterinnen und Mitarbeiter zur Kundenzufriedenheit. Das gilt nicht nur hinsichtlich der soeben dargestellten kundenindividuellen Handlungs- und Verbesserungsprogramme. Die Forderung resultiert auch daraus, daß die Mitarbeiterinnen und Mitarbeiter individuell, je nach ihrer Marktleistung beurteilt (Lob/Tadel) und bezahlt (Leistungsprämie) werden müssen.

---

[3] Töpfer, a. a. O., S. 43.

6 Die Erwartungsfelder der Kunden

Die vorangegangenen Darlegungen haben gezeigt, daß es ein allgemein gültiges Konzept für personalwirtschaftliche Instrumente nur in seinen Grundstrukturen, aber nicht in einer konkreten Ausgestaltung für die Praxis gibt. Jede Bank braucht ihr spezielles System. Sie muß im Hinblick auf ihre Märkte fragen, welche Erwartungen ihre Kunden hegen, und sie muß festlegen, welche Beiträge die einzelnen Handlungsfelder im Unternehmen zu leisten haben, damit diese Erwartungen zur Zufriedenheit der Kunden erfüllt werden. Die einzelnen Schritte, um ein derart konkretes Konzept für die Praxis zu entwickeln, sollen jetzt verfolgt werden.

6.1 Entwicklung der Erwartungsfelder

Um die Erwartungsfelder im Rahmen der personalwirtschaftlichen Instrumente zu konkretisieren, sind zwei Teilschritte erforderlich. Bezogen auf die Erwartungsfelder »kundenorientiertes Produkt«, »kundenorientierte Leistungen ›rund um das Produkt‹« und »Kontakt und Kommunikation« sind zuerst die konkreten Erwartungen der Kunden zu beschreiben. Aus ganz pragmatischen Gründen müssen im Beurteilungssystem (anders als im Führungssystem) in einem zweiten Teilschritt Prioritäten gesetzt werden.

6.1.1 Die Erwartungskataloge

Die Erwartungen der Kunden werden in Anforderungskatalogen erfaßt. Aus den Erwartungskatalogen sollen die Zielvorgaben für das Denken und Handeln der Mitarbeiterinnen und Mitarbeiter erwachsen. Daher dürfen die später zu definierenden Beurteilungskriterien nicht das, was *wir* haben (Produkte, Know-how), widerspiegeln, sondern das, was *die Kunden* haben wollen. Das Prinzip zeigt sich in der folgenden Darstellung, die eine allererste, ganz grobe Beschreibung der Anforderungen erhält. Der entsprechende Entwicklungsprozeß vollzieht sich in mehreren Phasen zunehmender Differenzierung, die an einem weiteren Beispiel geschildert werden sollen.

Erwartungsfelder	Anforderungen
Kundenorientierte Produkte	genaue Spezifikation einzelner Eigenschaften von Produkten bzw. Teilaspekten von Dienstleistungen
Kundenorientierte Leistungen »rund um das Produkt«	Definition der Leistungen »rund um das Produkt«, die der Kunde honoriert, weil sie nützlicher als die des Wettbewerbs sind
Kontakt und Kommunikation	Definierter Verhaltenskodex an den Außen- und Innendienst beim Umgang mit den Kunden
	Maßnahmenkatalog zur Beziehungspflege

6.1.1.1 Verfeinerung des Erwartungsfeldes

In einem ersten Schritt wurde im Beispiel das Feld »Erwartungen« noch grob in drei Erwartungsfelder aufgeteilt. In der Praxis muß dieses grobe Raster natürlich verfeinert werden. Jede Bank muß hier ihre besondere Situation (Standort, Strategien zu einzelnen Marktsegmenten ...) ausdifferenzieren. Ein Beispiel dazu:

Kundenorientierte Leistungen »rund um das Produkt«

1. Problemlösungskompetenz
2. Beratungskompetenz
3. Konstanz und Zuverlässigkeit
4. Flexibilität und Schnelligkeit der Bearbeitung
5. Glaubwürdigkeit, Fairneß
6. Vertragsbedingungen, Preis- und Konditionengestaltung
7. ...

Zu dieser Liste sind einige Anmerkungen erforderlich. Art und Umfang der Anforderungsgruppen können von Bank zu Bank und innerhalb einer Bank von Abteilung zu Abteilung sehr unterschiedlich sein. Die Stadtsparkasse in Düsseldorf steht anderen Erwartungen ihrer Kunden gegenüber als die Stadtsparkasse in Iserlohn.

Eine weitere Überlegung ist anhand der Liste im Beispiel oben anzustellen. Der Übergang von Anforderungen an das kundenorientierte Produkt und die kundenorientierten Leistungen rund um das Produkt kann fließend sein. So kann man trefflich darüber streiten, ob »Zuverlässigkeit« noch zum »technischen« Produkt oder bereits zum »Softwarebereich« des Produktes gehört. Für die Praxis der Beurteilung und Entgeltfindung ist ein Streit über solche Zuordnungsfragen meist überflüssig. Hier kommt es nur darauf an, *daß* die entsprechende Anforderung konkretisiert wird; unerheblich ist es, unter welcher Rubrik diese Anforderung eingeordnet wird.

6.1.1.2 Anforderungslisten

Wenn die ersten, noch groben Anforderungskataloge erarbeitet sind, sind sie im nächsten Schritt in Listen mit differenzierten Anforderungen aufzufächern. Ausgehend vom Beispiel am Anfang dieses Kapitels kann das Ergebnis dieser Differenzierung, bezogen auf die Erwartung »1. Problemlösungskompetenz«, das folgende Bild gewinnen.

Anforderungsliste »Problemlösungskompetenz«

1. Unvoreingenommenes Erfassen von Sachverhalten
2. Befähigung zur unabhängigen Analyse der Situation
3. Sachorientierte Ursachenanalyse
4. Einbeziehen von Spezialisten
5. Praxisorientierung bei Vorschlägen zur Problemlösung
6. . . .

Spätestens bei diesem Schritt der Verfeinerung wird ganz deutlich, wie unternehmensspezifisch sehr differenzierte und unterschiedliche Beurteilungskriterien und Zielvorgaben aus der Analysearbeit hervorgehen werden. Das ergibt sich vor allem in größeren Banken, wenn die ganze Breite des Leistungsprogrammes analysiert werden muß. Noch entscheidender, an dieser Stelle muß zu den Strategien des Unternehmens (zu einzelnen Produkt-/Kundengruppen) »Farbe bekannt« werden. Soll beispielsweise die Problemlösungsfähigkeit darin bestehen, bereits vorhandene Lösungen der Situation beim Kunden »aufzupfropfen« oder Lösungen individuell durch »Einbeziehen von Spezialisten« zu erarbeiten? Wenn eine Bank das letztere will, muß sie ein entsprechendes Verhalten im Rahmen einer Beurteilung belohnen, darf sie nicht bestrafen, daß zu wenig »Standardprodukte« verkauft werden.

6.1.1.3 Erforderlicher Feinheitsgrad

Der Feinheitsgrad der zu erstellenden Anforderungslisten muß so weit entwickelt werden, daß den einzelnen Erwartungen der Kunden ganz konkrete, operationale Beschreibungen der damit korrespondierenden Aufgaben für die Mitarbeiterinnen und Mitarbeiter zugeschrieben werden können. Auch dieser Schritt hin zu »definierten Kundenerwartungen« soll durch eine Fortschreibung unserer Beispiele demonstriert werden.

Definierte Kundenerwartungen

Nr.	Anforderungen »Problemlösungskompetenz«	definierte Kundenerwartung
1.	sachorientierte Ursachenanalyse	Unterscheidungsvermögen von subjektiv vermuteten und objektiv vorliegenden Ursachen analytische Beweisführung
2.	Einbeziehen von Spezialisten	rechtzeitig fachkundige Spezialisten hinzuziehen

Das Beispiel soll »auf den Punkt« bringen, wie durch eine Analysearbeit, ausgehend von allgemeinen Kundenerwartungen, operationalisierbare Anforderungen stellenspezifisch an die Mitarbeiterinnen und Mitarbeiter entstehen.

6.2 Prioritäten in den Erwartungskatalogen

Schon vorher ist kurz erwähnt worden, daß aus ganz praktischen Erwägungen heraus für die personalwirtschaftlichen Instrumente die erarbeiteten Erwartungsfelder mit ihren Anforderungskatalogen und -listen mit Prioritäten aus der Sicht der Kunden heraus versehen werden müssen.

6.2.1 Die Notwendigkeit von Prioritäten

Recht vordergründig gesehen sind Vorgesetzte kaum in der Lage, würde es die Mitarbeiterinnen und Mitarbeiter auch »verwirren«, ein ganz umfassendes System mit einer Vielzahl von Beurteilungskriterien zu handhaben. Ein Beispiel, um die Behauptung zu untermauern. Das Beurteilungssystem einer Bank, das analysiert wurde, sah vor, Führungskräfte der unteren Ebene anhand von 26 Kriterien umfassend einzuschätzen. Da die Vorgesetzten der oberen Ebene, die diese Beurteilung abzugeben hatten, jeweils mehrere nachgeordnete Führungskräfte hatten, waren sie zumindest aus zwei Gründen restlos überfordert. Hätten sie die Aufgabe ernst genommen, wären sie mit dem systematischen Sammeln von Informationen für eine annähernd objektive Beurteilung schon weitgehend ausgelastet gewesen. Noch gravierender ist der zweite Aspekt, weshalb über das Setzen von Prioritäten der Konflikt zwischen »theoretisch« erwünschter Genauigkeit und »praktischer« Machbarkeit gelöst werden muß. Welcher nächsthöhere Vorgesetzte ist so häufig »vor Ort« anwesend, daß er die »Befähigung zur Motivation« (ein eherner Bestandteil herkömmlicher Beurteilungssysteme) durch seine nachgeordneten Führungskräfte wirklich zuverlässig beurteilen kann? Das hat zwei Konsequenzen. In unserem derzeitigen Zusammenhang führt das zunächst zu der Forderung, daß ein Beurteilungssystem nicht mehr »alles«, den ganzen Mitarbeiter, umfassend beurteilt, sondern nur noch jene Kriterien betrachtet, die Priorität haben, auf die es entscheidend ankommt, weil sie im wesentlichen die Wertschöpfung (beim Kunden) bewirken. Sonst werden herkömmliche Systeme der Mitarbeiterbeurteilung zur Farce, zu einer jährlichen (ungeliebten) »Pflichtübung für die Personalakte« als Verwaltungsaufgabe. Sie wäre nicht mehr Gestaltungs- und Hilfsinstrument zur Führung, wie es als Aufgabe einer zeitgemäßen Personalwirtschaft in einem früheren Kapitel beschrieben und gefordert wurde.

Diese Überlegungen führen zu einem zweiten Aspekt, den wir später noch genauer erörtern müssen. Kann überhaupt der nächsthöhere Vorgesetzte die Befähigung zur Motivation der Mitarbeiterinnen und Mitarbeiter der ihm unterstellten Führungskräfte beurteilen? Kann die »Wirkung« einer Führungskraft zutreffend durch ihren Vorgesetzten (allein) beurteilt werden? Bedarf es dafür nicht des (zumindest ergänzenden) Urteils der Mitarbeiterinnen und Mitarbeiter (als »Betroffene«) selbst? Muß eine zeitgemäße Beurteilung von Mitarbeiterinnen und Mitarbeitern die bisher alleinige Ausrichtung »von oben nach unten« aufgeben und durch neue Instrumente wie etwa ein jährliches »Teamgespräch« ergänzen? Wie können solche neuartigen Instrumente die Marktchancen einer Bank fördern?

Die Frage danach, was »das Wesentliche« ist, hat nicht nur die geschilderten »internen« Gründe. Auch »extern«, aus der Sicht der Kunden, müssen Prioritäten hinsichtlich ihrer Erwartungen gesetzt werden, um die Strategien der Bank in das operative Tagesgeschäft umzusetzen. Einmal hat aus der Sicht des Kunden nicht jede seiner Erwartungen die gleiche Bedeutung für seine Zufriedenheit. Dem einen sind die Kreditkonditionen wichtiger, dem anderen die Qualität der Beratung, dem dritten kommt es auf eine verläßliche Bindung für längere Zeit an. Zum anderen hat die Erfüllung unterschiedlicher Anforderungen sehr unterschiedliche Auswirkungen auf die Wertschöpfung des Unternehmens aus der Sicht des Kunden. Ein Beurteilungssystem muß »Farbe bekennen«, was will das leitende Management mit Vorrang behandelt wissen? Ein Kreditinstitut kann nicht »alles gleichzeitig und bestens« wollen und bieten; und schon gar nicht darf es am Ende eines Jahres die Mitarbeiterinnen und Mitarbeiter bei einer Beurteilung danach einschätzen, was man (im nachhinein gesehen) eigentlich hätte erreichen sollen.

6.2.2 Die Prioritäten in der Praxis ermitteln und festlegen

Wir haben bisher geklärt, *daß* ein kundenorientiertes Beurteilungssystem Prioritäten setzen muß und welche Überlegungen in die Fragen nach den Prioritäten einzugehen haben. Jetzt geht es um die ganz praktische Frage, *wie* die Praxis diesen Anforderungen gerecht wird.

Prioritäten aus der Sicht der Kunden zu setzen erfordert eine Prüfung des Verhältnisses zwischen dem, was der Kunde erwartet, und dem, was er als tatsächliche Leistung wahrnimmt. An einem Beispiel wollen wir klären, was das für die Praxis bedeutet.

Wir gehen zunächst von der bereits bekannten Erwartung »Problemlösungskompetenz« aus.

Erwartungsliste: ›Problemlösungskompetenz‹	
Nr.	Erwartungen der Kunden
1.	Sachorientierte Ursachenanalyse
2.	Einbeziehen von Spezialisten
3.	...

Diese Ausgangssituation muß jetzt aus der Sicht der Kunden verfeinert werden.

Erwartungsliste: »Problemlösungskompetenz«

Nr.	Erwartungen der Kunden	Erfüllungsgrad aus Kundensicht							
		70 %	80 %	90 %	100 %	110 %	A	B	C
1.	Sachorientierte Ursachenanalyse								
2.	Einbeziehen von Spezialisten								
3.	...								

Die Einschätzung des »Erfüllungsgrades aus Kundensicht« vermittelt in einer (sehr selbstkritischen) Analyse, welche Rolle die Leistungen des Unternehmens für den Erfolg des Kunden auf dessen Märkten spielen. »Unser Erfolg beruht auf dem Erfolg des Kunden (auf seinem Markt).«

Erklärungsbedürftig ist die Spalte »110%«. Sie besagt, daß das Unternehmen dem Kunden mehr bietet (was höhere Kosten verursacht), als der Kunde erwartet/braucht. Das ist kein Sonderfall, sondern häufige Praxis. Ein oft genanntes Beispiel: Viele Produktinformationen sind sehr aufwendig im Vierfarbendruck auf Hochglanzpapier verfaßt, obwohl der Kunde mit einer klaren und verständlichen Darstellung auf einfachem Papier vollauf zufrieden wäre.

Danach ist – wiederum aus der Sicht der Kunden – festzulegen, welche Bedeutung die jeweilige Teilleistung aus deren Sicht besitzt.

A = sehr hoher Beitrag zur Wertschöpfung beim Kunden
B = spürbarer Beitrag zur Wertschöpfung beim Kunden
C = geringer Beitrag zur Wertschöpfung beim Kunden

Nach diesen Analysen können wir die Prioritäten insgesamt für ein Beurteilungssystem festlegen. Diejenigen Teilleistungen des Unternehmens, bei denen der Erfüllungsgrad aus der Sicht der Kunden relativ gering ist (weniger als 90 %), die jedoch für den Kunden große Bedeutung für dessen Wertschöpfung besitzen (A, bzw. B), müssen in Leistungsvorgaben für die *nächste* Leistungsperiode umgesetzt werden.

Aus diesem Vorgehen werden zwei Gesichtspunkte deutlich, die die Personalwirtschaft, die auf die aktuelle Strategie der Bank ausgerichtet ist, kennzeichnen. Das Instrument der Mitarbeiterbeurteilung besteht nicht (nur) aus einer Reihe von Leistungskriterien, die auf viele Jahre festgeschrieben sind. Im Rahmen jährlicher Analysen werden auch Kriterien der aktuellen Situation angepaßt, periodenbezogene Leistungsvorgaben entwickelt; das Instrument »lebt« mit der Strategie. Bei weiterentwickelten Strategien, spürbaren Veränderungen auf dem Markt, muß sich auch das Instrument der Mitarbeiterbeurteilung weiterentwickeln. Das gilt auch für das personalwirtschaftliche Instrumentarium der Personalentwicklung. Auch für dieses gilt der Grundsatz: »Weg vom Standardprogramm, hin zu einem die aktuelle Strategie unterstützenden Instrumentarium.« Bleiben wir bei dem zuvor genannten Beispiel. Wird etwa festgestellt, daß die »Problemlösungskompetenz« aus der Sicht der Kunden zwar hohe Bedeutung besitzt, der Erfüllungsgrad aus Kundensicht aber nicht vollständig befriedigt (in der Vergangenheit des »Produktverkaufs« war diese Kompetenz ja nicht sonderlich gefragt), wird die Personalentwicklung entsprechende Weiterbildungsprogramme vorzulegen haben.

Die Handlungsfelder

Betrachten wir unser oberstes Ziel, die Kundenzufriedenheit, so läßt sich diese definieren mit: »*Kundenzufriedenheit ist das Verhältnis von wahrgenommener Leistung und den Erwartungen des Kunden.*«

Zur Entwicklung eines kundenorientierten Beurteilungssystems haben wir deshalb in den bisherigen Analysen die »definierten Kundenerwartungen« erarbeitet. Damit liegt fest, *was* das Unternehmen leisten muß, um am Markt Erfolg zu haben. Der nächste Schritt muß nun klären, *wer* die entsprechenden, vom Kunden wahrnehmbaren Leistungen im Unternehmen zu erbringen hat. Die neuen personalwirtschaftlichen Instrumente müssen die Herausforderungen erfüllen, daß die *Sach*ziele des Unternehmens (festgehalten in den Anforderungskatalogen und Anforderungslisten) zu persönlich akzeptierten *Leistungs*zielen der Mitarbeiterinnen und Mitarbeiter werden. In der Praxis wird sich die Arbeit der Entwicklung der Handlungsfelder wiederum in Phasen vollziehen. Ausgangspunkt sind die Zielsetzungen für die Handlungsfelder/Bereiche im Unternehmen. Aus ihnen werden zunächst Ziele für Teilbereiche, dann Leistungsziele für einzelne Stellen abgeleitet. Wir wollen diesen Prozeß anhand von praktischen Beispielen nachvollziehen.

Die Matrix, die die Grundstruktur des Systems abbildet, hat – nach der Festlegung der beispielhaften, groben Anforderungskataloge – das folgende Aussehen.

Die Handlungsfelder			
Erwartungsfelder des Kunden	**Handlungsfelder des Unternehmens**		
	vor dem Kauf	Kaufentscheid	Nachbetreuung
kundenorientierte Produkte kundenorientierte Leistungen »rund um das Produkt« Kontakt und Kommunikation			

Nun gilt es, die Handlungsfelder näher zu betrachten, um die Beurteilungs- und Leistungskriterien für die *einzelnen* Mitarbeiterinnen und Mitarbeiter gewinnen zu können. Aus den Bereichszielen müssen stellenbezogene Leistungsvereinbarungen abgeleitet werden. Auch bei dieser Arbeit ist eine schrittweise Differenzierung, ein Vorgehen in Phasen erforderlich.

7.1 Die Differenzierung der Handlungsfelder

Im ersten Schritt ist zu fragen, welche Beiträge die *Bereiche* eines Unternehmens ganz generell zu leisten haben, um die Erwartungen der Kunden zu erfüllen. Weil diese Frage von Unternehmen zu Unternehmen und von Bank zu Bank sehr unterschiedliche Antworten finden kann und muß, können die unterschiedlichen Antworten hier nur anhand von Beispielen angedeutet werden.

7.1.1 Handlungsfeld »vor dem Verkauf«

Das Handlungsfeld »vor dem Kauf« umfaßt alle Bereiche in der Bank, die vor dem Verkauf (im engeren Sinne) liegen. Hier sind beispielsweise »Marktforschung«, »Werbung« oder »Projektentwicklung« angesprochen.

Am Beispiel eines ganz zentralen Bereichs des Handlungsfeldes »vor dem Verkauf«, nämlich in der »Marktforschung«, soll gezeigt werden, daß der Einführung eines kundenorientierten Instrumentes ein gründliches Umdenken vorangehen muß. Bevor das in Einzelbeispielen dargestellt wird, geht es jedoch zunächst um den Grundsatz. In einem herkömmlichen Angebotsmarkt bestimmen die vorhandenen Produkte und Dienstleistungen das Geschehen. Sehr überspitzt gesagt, die Bank hat eine Palette von Leistungen anzubieten, jetzt »wartet« sie, bis eine Kundin/ein Kunde kommt, um von diesem Angebot Gebrauch zu machen. In einer Situation des kundenorientierten *aktiven* Verkaufens ändert sich die Aufgabenstellung einer Bank sehr grundlegend. Sie hat einen *latenten* Bedarf bei Kunden aufzuspüren, um ihn durch gezielte Ansprache *manifest,* also bewußt zu machen. Wir können das an einem schon früher genannten Beispiel illustrieren. Die Bundesschatzbriefe, die ein Kunde vor einigen Jahren erworben hat, werden in einem Monat fällig. Der Kunde hat einen *latenten* Bedarf nach einer Beratung, wie er den demnächst fälligen Geldbetrag verwenden soll. Die zuständigen Stellen im Handlungsfeld »vor dem Kauf« sind jetzt gefordert. Noch bevor die Fälligkeit eingetreten ist, der Kunde sich wegen eines *bewußt* gewordenen Verwendungs»druckes« (spätestens ausgelöst durch den Kontoauszug) möglicherweise bereits entschieden hat, muß die Bank ihre *Beratungs*aufgabe wahrnehmen; wie könnte der Kunde in seiner derzeitigen Situation den zu erwartenden Geldbetrag für ihn am günstigsten verwenden? Von der Grundeinstellung ist diese Beratung kein »1. Schritt zum Verkauf«, sondern eine vom Verkauf unabhängige Dienstleistung. Kunden, die das erfahren und erleben, werden dann auch zu Käufern, wenn sie das Geld in Bankprodukten anlegen wollen.

Vom Beispiel zurück zur generellen Situation im Handlungsfeld »vor dem Kauf«.

Nr.	Erwartungen des Kunden	Handlungsfeld »vor dem Kauf« »Marktforschung«
1.	...	
2.	Kundenorientierte Leistungen »rund um das Produkt«	Feststellen von latentem Bedarf bei Kunden
2.		Erstellen von aussagefähigen Unterlagen für die Kundenberater ...

Der Unternehmensbereich, das Handlungsfeld »vor dem Verkauf«, der alle (Dienst-)Leistungen umfaßt, die dem eigentlichen (herkömmlich gedachten) Verkaufen vorangehen, hat die grundlegende Aufgabe, Erwartungshaltungen der Kunden aufzudecken oder aufzubauen und sie auf die dahin konzipierten Produkte des eigenen Unternehmens zu lenken. Das verändert das bisherige »Geschäft« (wie die Schwaben sagen).

Ein System der Mitarbeiterbeurteilung wird (nach der früher bereits geschilderten Differenzierung und daraus abgeleiteten Leistungsvorgaben) dann am Ende einer Leistungsperiode die Frage beantworten, inwieweit die Mitarbeiterinnen und Mitarbeiter der »Marktforschung« ihr Handlungsfeld »vor dem Verkauf« erfolgreich bearbeitet haben. In welchem Umfang haben sie beispielsweise zeitgerecht Informationen zu Situationen erarbeitet, die bei potentiellen Kunden einen Beratungsbedarf auslösen? Einige praktische Beispiele. Wurden die Anschriften von Auszubildenden ermittelt, die einen Ausbildungsvertrag abgeschlossen haben (Kontoeröffnung)? Wurden die Daten von »rasch wachsenden« bzw. »schrumpfenden« Firmen systematisch und rechtzeitig für die »beratenden Abteilungen« aufbereitet? Wurden aussagekräftige Daten zu aktuellen Problemen (»Was tun, bevor der Euro kommt?«) so aufbereitet, daß die Bank kundenspezifische Informationsveranstaltungen durchführen konnte?

7.1.2 Handlungsfeld »Kaufentscheid«

Wenn wir über die Grundaufgaben des Handlungsfeldes »Kaufentscheid« aus kundenorientierter Sicht nachdenken (daraus sollen ja in der nächsten Differenzierungsphase Leistungsvorgaben erarbeitet werden), ergeben sich auch hieraus wesentliche Änderungen gegenüber traditionellen Beurteilungssystemen. Schon im Kernbereich des »Verkaufs« (im engeren Sinn) ergibt sich ein neues Anforderungsprofil aus dem Wechsel von produktorientierter zu kundennutzenorientierter Kommunikation. Argumentieren wir den Produkt- oder den Kundennutzen? Es kann also zunächst auf die grundsätzlichen Überlegungen in dem Kapitel »Vom Produkt- zum Beratungsverkauf« zurückverwiesen werden.

Recht neue Anforderungen für das Handlungsfeld »Kaufentscheid« kommen aus den Aufgaben »Kundenbedarfsanalyse« und »Kundenzufriedenheitsanalyse« hinzu. Die neuen personalwirtschaftlichen Instrumente müssen dazu beitragen, die »Cash und weg«-Mentalität nachhaltig aus der Welt zu schaffen. So gilt es beispielsweise, die Forderungen nach einem »modular aufgebauten Kundenkontaktkonzept«[1] in konkrete Leistungsvereinbarungen umzusetzen. Von den vielen alltäglichen Beispielen soll eines dargestellt werden, das den veränderten Leistungsanspruch an die Kundenberatung besonders deutlich aufzeigt. Inhaltlich und methodisch besteht die Veränderung vor allem darin, daß die Beurteilung einer Mitarbeiterin/eines Mitarbeiters immer weniger auf dem Urteil des Vorgesetzten beruhen wird, sondern auf dem Urteil des Kunden, das mit den Instrumenten des Marketing festgestellt werden muß.

---

[1] Münzberg, a. a. O.

. . .

3. Kontakt/Kommunikation   Unsere Kunden beurteilen unsere
Mitarbeiterinnen und Mitarbeiter in
der Kundenberatung als fachkompetente
und flexible Berater

. . .

Das Beispiel enthält beide zuvor angesprochenen Elemente. Zum
einen wird der Anforderung vom »Verkäufer« zum »Berater« Rechnung getragen. Zum anderen wird deutlich, daß *der Kunde* (über
das Instrument der Kundenzufriedenheitsanalyse) über den Erfolg entsprechender Bemühungen entscheidet.

Es gilt, an dieser Stelle das bereits früher geschilderte neue
Anforderungsprofil für die Verkäufer im Außendienst in konkrete
Leistungsvorgaben umzusetzen.

7.1.3 Handlungsfeld »Nachbetreuung«

Ein kundenorientiertes Beurteilungssystem setzt neue Maßstäbe
für das Handlungsfeld »Nachbetreuung« in einer Bank. Um auch
an dieser Stelle die Unterschiede in einer »Schwarzweißzeich-
nung« aufzuzeigen: früher galt der Grundsatz, »wenn das Produkt
weg ist, hat der Kunde seine Aufgabe erfüllt«. Die neuen Instrumente müssen dagegen den Grundsatz abbilden, »wenn das Produkt weg ist, beginnt die lukrative Arbeit, den Kunden zuerst zum
Wiederholungskäufer, dann zum Stammkunden zu machen«. Das
ist das Feld neuzeitlicher personalwirtschaftlicher Instrumentarien, die Programme zur Kundenbindung herausfordern und
unterstützen.

Die sich aus diesen Gesichtspunkten ergebenden Leistungsvorgaben im Rahmen eines Beurteilungssystems betreffen die
unterschiedlichsten Abteilungen einer Bank. Das beginnt mit der
noch vergleichbar einfachen Aufgabe, daß die Abwicklung von
»Standardgeschäften« fehlerfrei erfolgt, was die vielgestaltigen
(für den Kunden verständlichen!) »Mitteilungen« einschließt. Das
setzt sich fort in einem von den Kunden als sachlich, fair und zügig
erlebten Beschwerdemanagement (wie lange muß er auf einen
fehlenden Kontoauszug warten?). Gravierender wird dann die

»Nachbetreuung« etwa nach der Finanzierung einer Existenzgründung im Rahmen einer »Handwerkerbetreuung« oder der Betreuung im Rahmen der Sanierung eines mittelständischen Unternehmens.

Nun stehen unsere personalwirtschaftlichen Instrumente vor neuen Aufgaben. Wie fügen sie sich als unterstützende und fördernde Hilfen in die aktuellen Aufgaben des Managementes ein?

- Wie ersetzen (und belohnen) wir unsere eigene Zufriedenheit über den erfolgreichen Verkauf unserer Produkte durch die Zufriedenheit der Kunden mit diesem Verkauf als Leistungsmaßstab?
- Welche Gestalt haben die Instrumente, die die Entwicklung von Kunden zu Stammkunden fördern?
- Wer hat im Unternehmen mit welchen Leistungsvorgaben ein Kundenbindungsprogramm zu konzipieren und nachdrücklich zu verfolgen?
- Welche Vorgaben erwarten unsere Kunden zu einem Beschwerde- und Reklamationsmanagement?
- Wie gestalten wir eine kundennahe Auftragsabwicklung?

Die Antworten der personalwirtschaftlichen Instrumente auf solche Fragen münden in Zielvorgaben für die Bereiche im Unternehmen, die die Phase der »Nachbetreuung« gestalten.

Nr.	Erwartungen der Kunden	Handlungsfeld »Nachbetreuung«
1.	...	
2.	Kundenorientiertes Produkt	Die Kundenwanderungsbilanz weist nach, daß 95 % der Erstkunden zu Wiederholungskäufern werden.
2.	Kundenorientierte Leistungen »rund um das Produkt«	Die Kundenzufriedenheitsanalysen zeigen, daß 98 % unserer Kunden unser Beschwerde- und Reklamationsmanagement als »ausgezeichnet« bewerten. Die Auftragsabwicklung erfolgt nach einem verbindlichen Ablaufplan.

Das gemeinsame Ziel dieser und vergleichbarer Leistungskriterien besteht darin, durch eine verstärkte »Nachbetreuung« die Bindungswirkung zu erzeugen, die einen Kunden zum Stammkunden macht.

Das Beispiel zeigt, die personalwirtschaftlichen Instrumente können ein »Chaos« nicht übertünchen. Sie fordern, damit sie ihre Ziele erreichen können, zunächst eine Reorganisation des Betriebes. Erst wenn ein geordnetes Service- und Reklamationsmanagement oder exakte Pläne zur Auftragsabwicklung vorliegen, können die Instrumente der Beurteilung und Belohnung ihre Wirkung entfalten, daß derartige Instrumente auch optimal gehandhabt werden.

7.2 Vom Handlungsfeld zur stellenbezogenen Leistungsvorgabe

Wir sind bei der Frage, wie wir Beurteilungskriterien entwickeln können, die den Prozeß des Umsetzens von Strategien in das operative Tagesgeschäft unterstützen und fördern. Als erste Antworten haben wir aufgezeigt, daß es notwendig ist,

- zunächst die Erwartungsfelder der Kunden zu definieren,
- dann entsprechende Zielvorgaben für die Handlungsfelder im Unternehmen zu entwickeln.

Für das weitere Vorgehen bietet sich die folgende Übersicht als erste Orientierung an, da sie die Zusammenhänge aufzeigt.

Beurteilungskriterien	
Erwartungsfelder	Handlungsfelder
Operationale Beurteilungskriterien	
Skalierung	
Soll-Ist-Vergleich Kundenzufriedenheit	

Die Aufgabe des nächsten Schrittes der Differenzierung besteht darin, die entwickelten Zielvorgaben der Bereiche auf die einzelnen Teilbereiche der Handlungsfelder, letztlich auf die stellenbezogenen Aufgaben der Mitarbeiterinnen und Mitarbeiter herunterzubrechen. Dazu sind operationale Beurteilungskriterien zu entwickeln. Ein Beispiel soll das Vorgehen erläutern. Für das Handlungsfeld »Kaufentscheid« ergibt sich aus den bisherigen Vorarbeiten das folgende Bild.

Nr.	Erwartungen der Kunden	Handlungsfeld »Kaufentscheid«
1.	Problemlösungskompetenz	Sachorientierte Ursachenanalyse Einbeziehen von Spezialisten
2.	...	

Die Zielvorgabe »Sachorientierte Ursachenanalyse« ist sicher einsichtig und nachvollziehbar. Sie ermöglicht jedoch nicht den einzelnen Mitarbeitern an ihrem Arbeitsplatz ein genaues Urteil darüber, was sie ganz konkret dazu beizutragen haben, damit dieses Ziel erreicht wird. Anhand einer *generellen* Vorgabe hängen die Mitarbeiterinnen und Mitarbeiter »in der Luft«, begreifen zwar den Sinn und die Absichten, wissen dies aber noch nicht in sehr zielgerichtetes Handeln umzusetzen. Deshalb müssen wir uns mit der Frage nach der Operationalisierung von Leistungskriterien und deren Skalierung näher befassen.

Es ist zu fragen, welches Leistungsziel für die einzelnen Mitarbeiterinnen und Mitarbeiter aus der Bereichsvorgabe »Problemlösungskompetenz durch sachorientierte Ursachenanalyse« abzuleiten ist. Das führt dann zu dem Ergebnis: »Bereits in der Phase der Problemerkennung und Ideenformulierung findet ein Meinungs- und Ideenaustausch mit Kunden und Spezialisten des Hauses statt.«

Ein weiteres Beispiel soll die Differenzierung von Bereichszielen zu operationalen Zielen für Teilbereiche klären. Für den Teilbereich »Service« soll das folgende Ziel vereinbart sein.

Nr.	Erwartungen der Kunden	Handlungsfeld »Nachbetreuung«
	Leistungen »rund um das Produkt«	deutlich verbesserte Servicequalität

Um eine Meßbarkeit bzw. Beurteilbarkeit von »deutlich verbessert« herzustellen, sind Kriterien zu entwickeln. Das könnte folgendermaßen aussehen.

96

Das Ziel der verbesserten Servicequalität ist erreicht, wenn ...
- die Anzahl der Reklamationen pro Monat auf x Fälle zurückgeht;
- die Abwicklung von Kundenanfragen in 95 % der Fälle höchstens y Tage in Anspruch nimmt;
- die kaufmännische Abwicklung von Verträgen innerhalb von z Tagen erfolgt.

Daß das Beispiel keine konkreten Zahlen enthält, weist nochmals darauf hin, daß jede Bank ihre eigene Definition von Servicequalität spezifizieren muß. Die drei beispielhaft genannten Kriterien kennzeichnen nicht in jeder Branche die Qualität von Service, ganz andere Kriterien können für den Kunden ausschlaggebend sein. Entscheidend bleibt die Grundaufgabe in dieser Phase der Differenzierung. Abgeleitet aus der Strategie des Unternehmens müssen sich zuerst die Bereiche, dann die Teilbereiche klare Ziele setzen, wie sie diese Strategie fördern und unterstützen. Diese Zielsetzung muß dann auf die einzelne Stelle im Unternehmen heruntergebrochen und in Leistungsziele für einzelne Mitarbeiterinnen und Mitarbeiter umgesetzt werden. Auf diese Weise werden Denken und Handeln aller Menschen im Unternehmen sich an den obersten Zielen ausrichten.

Die Suche nach einer objektiven Bewertung von Leistung ist aus naheliegenden Bedürfnissen der Praxis schon lange eine wichtige Aufgabe der Personalwirtschaft. So heißt es beispielsweise in einem Leitfaden zur Arbeitsbewertung, herausgegeben vom Arbeitsring der Arbeitgeberverbände der Deutschen Chemischen Industrie e.V.[1]: »Die Gewährung von Zulagen aufgrund subjektiver Bewertung hat häufig Unzufriedenheit zur Folge. Demgegenüber will die Arbeitsbewertung die Bestimmung der Zulagen objektivieren, indem sie mit Hilfe von Maßstäben Gehaltsstrukturen für betriebliche Gehälter entwickelt. Damit vermittelt sie dem arbeitenden Menschen nicht nur das Bewußtsein, daß seine Arbeit richtig gewertet wird, sondern sie weckt auch sein Streben, das für seine Arbeit erforderliche Können einzusetzen, und fördert seine Bereitschaft, Verantwortung sowie geistige und körperliche Belastung auf sich zu nehmen.«

Entsprechend diesem Auftrag haben als Beitrag zu einem rationalen Management zeitgemäße personalwirtschaftliche Instrumente Daten zu liefern, die eine sachorientierte Analyse der Vergangenheit und künftiges Handeln aus Soll-Ist-Vergleichen herleiten. Deshalb kommt der Operationalisierung, der Meßbarkeit von Leistung eine wesentliche Bedeutung in Systemen der Beurteilung zu.

»Nun ist aber ein Unternehmer, der seine Zahlen nicht kennt, ein schlechter Unternehmer. Ein weiteres Element der neuen Kultur ist daher der Grundsatz: »What you can't measure, you can't manage.« Erst wenn der Erfolg von Mitarbeitern (Gruppen) meßbar gemacht – das heißt, objektiviert wird –, ist das nun notwendige Steuerungs- und Belohnungsinstrument entwickelbar. Hier haben viele Unternehmen einen massiven Nachholbedarf.«[2]

8.1   Die Gründe im Detail

Drei wesentliche Gesichtspunkte begründen die Forderung, Leistungskriterien zu operationalisieren, also meßbar bzw. anhand eindeutiger Kriterien beurteilbar zu machen.

---

[1] A. a. O., S. 8.
[2] Kratz, a. a. O.

8.1.1 Klarheit der Führung

Zunächst fordert das Führungssystem eine Klarheit bei den Zielen, vor allem damit die Mitarbeiterinnen und Mitarbeiter ganz konkret wissen, was sie zu erreichen haben, welchen genauen Beitrag sie zur Erfüllung der Kundenerwartungen zu leisten haben. Der Auftrag an eine Filialdirektion, »im nächsten Jahr die Kosten deutlich zu senken«, genügt diesen Anforderungen nicht. Klarheit besteht für die Beteiligten erst, wenn vereinbart ist: »*Bis zum Ende des nächsten Jahres werden die Qualitätskosten um 25 Prozent gesenkt.*« Und eine weitere Forderung zur »Klarheit der Führung«: Ob ein ROI von x Prozent oder y Prozent als »Erfolg« angesehen wird, darf ein Vorstand nicht am *Ende* eines Jahres bewerten, am *Beginn* der Leistungsperiode muß eine entsprechende Leistungsvorgabe erarbeitet werden, an die sich der Vorstand »binden« muß.

Oftmals ist jedoch die Praxis viel komplizierter, wenn es nicht nur um Klarstellung der Zahlen, sondern um Klarstellung der Strategie geht. Ein Beispiel. Ein Profitcenter einer Bank bietet das Führen von Gehaltskonten gegen eine entsprechende Gebühr an. Ein »neues« Profitcenter kommt (als Folge der Entwicklung im »Home-Banking«) mit dem Produkt »gebührenfreies Gehaltskonto« auf den Markt. Oder ein weiteres Beispiel: Für die Abteilung »Anlagenberatung« hat die Bank einen »Sparkassen-Aktienfonds«, der sich auf Werte mittelgroßer, aufstrebender Unternehmen stützt, zur Verfügung. Auch aus Renditegründen (für die Bank – für die Anleger) stehen diese Produkte in Konkurrenz mit den Angeboten der Abteilung »Versicherungen und Bausparen«. Soll dieser Wettbewerb nach dem Prinzip von »Hauen und Stechen« oder geordnet nach eindeutigen Zielvorgaben für die einzelnen Marktsegmente entschieden werden? Den »Eiertanz« zwischen den Abteilungen A und B, die nun in direkter Konkurrenz miteinander liegen, die bei ihrer Akquisition und Kundenbetreuung erhebliche Verwirrung auf dem Markt auslösen können, kann nur eine klare Zielsetzung vermeiden. Welches Mengengerüst definiert den »geordneten Rückzug« aus dem Markt der »gebührenpflichtigen« Gehaltskonten? Und welches Mengengerüst definiert den »geordneten Vormarsch« in den Markt der »gebührenfreien« Gehaltskonten?

8.1.2 Objektivität bei der Leistungsbewertung

Der zweite Grund für operationalisierte Leistungsvorgaben ergibt sich aus den anfangs dargestellten Funktionen heutiger Beurteilungssysteme. Sie wollen Leistung (immateriell und materiell) belohnen. Damit dies sachgerecht geschieht, muß klar sein, was unter »Leistung« verstanden wird, damit entsprechende Urteile nicht »beliebig« sind. Hier gilt, daß klare Zahlen besser sind als die Interpretation nicht vorhandener Zahlen. Nehmen wir als Beispiel das Beurteilungskriterium »Verantwortung für Arbeitsausführung (Grad der Selbständigkeit)« aus einem traditionellen Beurteilungssystem. Im Handbuch werden die Stufen dieses Beurteilungsmerkmales folgendermaßen definiert.

Verantwortung für Arbeitsausführung (Grad der Selbständigkeit)	
Stufe	**Stufendefinition**
1	Keine oder geringe Selbständigkeit
2	Teilweise Selbständigkeit
3	Erhöhte Selbständigkeit
4	Weitgehende Selbständigkeit
5	Volle Selbständigkeit

Bitte entscheiden Sie, wie soll denn ein Vorgesetzter einen Mitarbeiter der Abteilung »Zentrale Anlagenberatung«, der während des Jahres bei vielen Projekten eingesetzt wird, objektiv (bezogen auf ein ganzes Jahr) nach ausgeübter »teilweiser«, »erhöhter« oder »weitgehender« Selbständigkeit beurteilen? Zumal er mit seinem Urteil gleichzeitig sich selbst beurteilt, weshalb er seinem Mitarbeiter (nur) welchen Grad von Selbständigkeit erlaubt. Und schließlich soll er – es geht (zumindest im Hintergrund) um Geld und mögliche Beförderung! – mit dem Mitarbeiter auch noch Einigkeit über sein Urteil erzielen. Eine einfache Gegenprobe. Fordern Sie den Leiter der Abteilung »Öffentlichkeitsarbeit« oder die Leiterin der »Personalentwicklung« auf, schriftlich ganz konkret zu beschreiben, wie der Unterschied zwischen »erhöhter« und »weitgehender« Selbständigkeit aussieht. Sicherlich gibt es diesen Unterschied, nur, wir können ihn (einheitlich von allen Vorgesetzten gehandhabt!) nicht präzise fassen. Damit kann er auch nicht beobachtbar und Grundlage einer annähernd objektiven Beurteilung sein.

Der angestrebten Objektivität kommen wir erheblich näher, wenn wir fordern:

»Der Mitarbeiter trifft Entscheidungen
a) sachlich begründet,
b) zum vom Kunden geforderten Zeitpunkt«
○ 100%   ○ 90%   ○ 80%   ○ 70%   ○ weniger

Wir sind damit der geforderten Objektivität deutlich näher gekommen, ohne freilich das Verhalten der Mitarbeiterinnen und Mitarbeiter »mathematisch« nachvollziehen zu können. »Sachliche Begründung« und »Einhalten der vom Kunden geforderten Termine« sind jedoch entscheidend präziser zu erfassen als »erhöhte« oder »weitgehende« Selbständigkeit. Sie ermöglichen viel eher ein von den Mitarbeiterinnen und Mitarbeitern akzeptiertes Gesamturteil ihres/ihrer Vorgesetzten über die Arbeit eines Jahres. Sie setzen auch weitaus begreifbarere Ziele als die Forderung nach »voller Selbständigkeit«.

Alle Überlegungen zur Beurteilung beruhen darauf, daß Mitarbeiterinnen und Mitarbeiter den an sie gestellten Anforderungen in unterschiedlichem Maße gerecht werden. Schauen wir uns einen Zehnmarkschein an. Die dargestellte »Gauß'sche Normalverteilung« erklärt das ohne jede klassenkämpferische Attitude. Deshalb müssen die Leistungskriterien in unseren Systemen zunächst operationalisiert und dann skaliert werden. Das bedeutet, daß sie in verschiedene Leistungsstufen (= Erfüllungsgrad der Anforderungen) aufzusplitten sind. Der Sinn von Beurteilung liegt eben darin, den unterschiedlichen Erfüllungsgrad (materiell, immateriell) zu honorieren.

8.1.3 Selbstmotivation

Als dritter Gesichtspunkt für die Forderung nach »Operationalisierung« kommt der gewichtige Punkt der Selbstmotivation hinzu. Überlegungen zum »Zeigarnik-Effekt«, Erkenntnisse aus den Lehren von »Anspruchsniveau« und »Attributionstheorie« fordern: präzise Meßlatte – präzise Daten zu den Ergebnissen. Mitarbeiterinnen und Mitarbeiter brauchen nicht nur das Urteil des/der Vorgesetzten, das »Fremdbild«. Genauso wichtig ist ihr Urteil »über

101

sich selbst«. Sie müssen und wollen sich selbst ein zutreffendes Urteil über ihre Leistungen bilden, ihre Erfolge und Mißerfolge selbst anhand von Fakten wahrnehmen und interpretieren können.

Der »Zeigarnik-Effekt« besagt, daß die Leistung von Mitarbeiterinnen und Mitarbeitern an das Höchstmaß gelangt, wenn sie ihre Energien auf ein ganz konkretes Ziel hin organisieren können. Ein Bild dafür: wenn ein Hochspringer die Latte auf 1,85 m (seiner Leistungsgrenze) vor sich sieht, wird er sie eher überspringen und bewältigen, als wenn er auf zwei Stangen ohne Latte dazwischen zuläuft, der Trainer nur fordert, möglichst hoch zu springen.

Das Theorem vom Anspruchsniveau lehrt uns, daß der von innen kommende »Anspruch an sich selbst« die Triebfeder für Höchstleistungen ist. Der von außen geforderte Anspruch: »Du mußt . . .« führt zu Frustration und Leistungsabfall, wenn sich die Mitarbeiterinnen und Mitarbeiter die geforderte Leistung nicht zutrauen.

Die Attributionstheorie begründet die These, daß der Leistungswille steigt, wenn die Mitarbeiterinnen und Mitarbeiter selbst ihre Erfolge unmittelbar wahrnehmen und bewerten können.

Um ein früheres Beispiel aufzugreifen, wenn der Leiter einer Filialdirektion aus den vorliegenden monatlichen Zahlen ersieht, daß es ihm voraussichtlich gelingen wird, sich dem Jahresziel »Personalkosten um 15 Prozent senken« zunehmend zu nähern, so daß das Ziel in greifbare Nähe rückt, braucht es keine »Fremd«-Motivation für die letzten Etappen.

8.2   Vorgehen

Wenn wir darangehen, Leistungen meßbar bzw. beurteilbar zu machen, müssen wir nach quantitativen und qualitativen Leistungsmaßstäben unterscheiden. Das hört sich zunächst recht trocken an. Aber am (vielleicht etwas exotischen) Beispiel des »Don Giovanni« läßt sich nicht nur der Unterschied zwischen Quantität und Qualität klären, sondern auch zeigen, daß in unserem herkömmlichen Denken die Quantität statt der Qualität den Vorzug genießt. »In Italia 1003!« versus »Und wie viele waren davon (für wen) gut?«

8.2.1 Quantitative Leistungsziele

Quantitative Leistungsziele sollen vereinbart werden, wenn sich das angestrebte Ergebnis in den 4 Dimensionen

- Menge,
- Güte,
- Zeit,
- Ort

in Zahlen und Fakten beschreiben läßt.

Mengenmäßige/quantitative Ziele

»Spätestens beim 3. Klingeln wird der Hörer abgenommen.«
»Das Profitcenter erreicht eine Quote von mindestens 8 Vorschlägen je Mitarbeiterin/Mitarbeiter pro Jahr im Rahmen des BVW.«
»Das Betriebsergebnis gemäß G + V im Kundengeschäft, bewertet mit Kreditrisiken nach Priewasser, beträgt für die Filialdirektion F. mindestens x DM.«

Beurteilungskriterien für Servicedienste

1. Erwartungen der Kunden:
   Fachgerechte und rasche Leistungen der Dienste
2. Zielvorgabe für den Handlungsbereich »Nachbetreuung«:
   83 % der Kunden bestätigen unseren Anspruch, besonders servicefreundlich zu sein
3. Beurteilungskriterien für Servicedienste:
   Kunden, die unseren Servicedienst benötigen
   - haben am Telefon spätestens nach 5 Sekunden einen kompetenten Gesprächspartner;
   - spätestens nach 1 Stunde ist die Serviceleistung begonnen;
   - längstens 1 Tag danach ist die Leistung für den Kunden fachgerecht beendet.

Quantitative Leistungsnormen sind also in Zahlen und Fakten ausgedrückte Bedingungen, die vorliegen, wenn die Aufgaben gemäß den Erwartungen der Kunden erfüllt werden.

8.2.2 Qualitative Leistungsziele

Qualitative Ziele sind »verbal umschriebene, nicht quantifizierte Bedingungen, welche bei erfolgreicher Aufgabenerfüllung gegeben sein müssen«[3]. Der Erfolg kann nicht im strengen Sinne gemessen, er kann aber anhand von Kriterien bewertet werden. Auch dazu ein Beispiel.

1. Erwartung des Kunden: Fachkompetente und uneigennützige Beratung
2. Zielvorgabe für das Handlungsfeld »Vor dem Verkauf«: Der Kundenberater erfaßt umfassend die Situation des Kunden. Er ermittelt latenten Bedarf und Bedürfnisse des Kunden. Er bündelt das in der Bank vorhandene Know-how zur Problemlösung.
3. Beurteilungskriterien für den Kundenberater:
   Die Kunden schätzen die Beraterin/den Berater in der Kundenberatung als fachkompetent und fair ein

   ○ 100 %   ○ 90 %   ○ 80 %   ○ 70 %   ○ <60 %

Der Erfolg des »Marketing« wird danach beurteilt,
– daß bei den Werbematerialien die »Probleme« (potentieller) Kunden mit eindeutiger Priorität angesprochen werden;
– pro Jahr mindestens 18 Beiträge im »redaktionellen« Teil der Regionalpresse abgedruckt werden;
– 6 Ausstellungen von Künstlerinnen und Künstlern aus der Region im Rahmen des »Sponsoring« in der Bank stattfinden;
– ...

Aus den Beispielen ergibt sich sofort die Frage, wie sich die Vorgesetzten in der Praxis anhand von handfesten Informationen und Daten ein zutreffendes Urteil über die geforderten Befähigungen und Verhaltensweisen über die Mitarbeiterinnen und Mitarbeiter im Beratungsverkauf in der »Firmenkundenberatung« bilden können. Weil das entscheidende Urteil zu dieser Frage nur vom Kunden kommen kann, zeigt sich nochmals die Notwendigkeit der engen Verknüpfung von »Controlling«, »Marketing« und personalwirtschaftlichen Instrumenten, damit ein »Gesamthaus« strategieorientiert in den Markt hinein agiert.

Die Beispiele zeigen, daß es sich bei den *qualitativen* Leistungskriterien oftmals um *Prozeß*kriterien handeln wird. Es geht um Vorgehens- und Handlungsweisen, denen ein unmittelbarer Zusammenhang mit einem angestrebten *Ergebnis* nicht zugeord-

---

[3] Baur, a. a. O., S. 29.

net werden kann. Der Zusammenhang mit einigen »Kunstausstellungen« und dem »Image« der Bank ist kaum zu ergründen. Aus der Veröffentlichung eines redaktionellen Beitrages kann nicht die erreichte Zahl von »Neukunden« herausgerechnet werden. Aber die Mitarbeiterinnen und Mitarbeiter im »Marketing« haben eindeutige Vorgaben (für die sich der Vorstand im Rahmen seiner nicht rechenbaren Strategien entscheiden muß), wie sie Neukunden ansprechen können. Das mag für ein herkömmliches, auf »Zahlen« und »Rechenbarkeit« schielendes Management recht unbefriedigend sein. Es ist aber entscheidend mehr als die übliche allgemeine Vorgabe an das Marketing, sich um potentielle Neukunden »zu kümmern« oder ein Budget von y DM »marktwirksam« umzusetzen.

8.3 Skalierung und Geldwert

Mitarbeiterinnen und Mitarbeiter werden die für eine Periode vereinbarten Leistungsziele bzw. die in Leistungsstandards beschriebenen Anforderungen ihrer Stelle in der Praxis nicht immer punktgenau erfüllen. Es gibt Abweichungen nach unten und oben, abhängig vom Leistungsvermögen, dem Leistungswillen und von außen kommenden Einflüssen. Auch bei einem Vergleich zwischen Mitarbeiterinnen und Mitarbeitern ist regelmäßig zu beobachten, daß sie bei gleichartigen Aufgaben zu unterschiedlichen Leistungsergebnissen kommen. Da ein Beurteilungssystem eine Antwort auf diese unterschiedlichen Leistungsergebnisse geben will, müssen die Anforderungen an die Mitarbeiterinnen und Mitarbeiter skaliert, also in *Leistungsstufen* differenziert werden.

8.3.1 Leistungsstufen

In Lehre und Praxis finden sich eine Vielzahl von Formen, nach denen Leistungen abgestuft werden können. Dem Ziel dieser Abhandlung entsprechend sollen diese unterschiedlichen Möglichkeiten an dieser Stelle nicht ausführlich diskutiert werden. Wir beschränken uns darauf, anhand der früheren Beispiele die wesentlichen Modelle vorzustellen. Diese Darlegungen werden darauf hinauslaufen, daß aus ganz handfesten praktischen Gründen der 5stufigen Skala der Vorzug gegeben wird. Einerseits bietet die

5-Stufen-Skala genügend Möglichkeit der Differenzierung. Andererseits birgt eine Skala mit mehr als 5 Stufen die Gefahr einer »Pseudogenauigkeit«: es ist schon äußerst schwierig, ein Merkmal wie »Termineinhaltung« in 7 oder mehr Stufen zu definieren, selbst wenn das wünschenswert wäre. Machen Sie selbst einen Versuch.

a) Beschreiben Sie verbal das Kriterium »Termineinhaltung« in 7 Stufen.

b) Ihre Beschreibungen müssen der Forderung standhalten, daß der Abstand zwischen den Stufen jeweils gleich groß ist. Also, beschreiben »immer« und »fast immer« und »in den meisten Fällen« . . . Leistungsstufen mit gleichen Abständen?

c) Sie selbst haben im vergangenen Jahr in recht unterschiedlichen Situationen bei jeweiligen Aufgaben Termine mehr oder weniger eingehalten. In welche der 7 Stufen ordnen Sie sich ein? Können Sie diese Einstufung so plausibel begründen, daß auch ihr Vorgesetzter keine Gegenargumente haben kann?

Angesichts der bekannten Probleme des Beurteilens (subjektive Wahrnehmung, selektive Wahrnehmung, Halo-Effekt . . .) übersteigt ein derartiger Differenzierungsgrad regelmäßig das Beurteilungsvermögen; die Ergebnisse sind auch den Mitarbeiterinnen und Mitarbeitern nur noch in Ausnahmefällen begründbar. Ein Beispiel soll das Problem verdeutlichen. »Von 100 Lohnreklamationen werden 95 mit einer Schlechterstellung gegenüber einem oder mehreren Kollegen begründet.«[4] Ein solches Untersuchungsergebnis offenbart ein eminent praktisches Problem.
Je weiter der (theoretisch sinnvolle) Grad der Differenzierung fortschreitet, desto mehr führt er zu Problemen der Handhabung in der Praxis. Die Begründung für eine bestimmte Einstufung und die Vergleichbarkeit zwischen den Mitarbeiterinnen und Mitarbeitern sind immer weniger zu bewerkstelligen.
Wenn Sie der Meinung sind, den oben geschilderten Praxistest bestanden zu haben, dann machen Sie bitte noch einen weiteren Versuch anhand eines Beispiels aus der Praxis. Dort sieht ein Beurteilungsbogen zu »Qualität der Arbeitsausführung« so aus:

[4] Busch, Staehle, Wilfert, a. a. O., S. 17.

Nicht ausreichend, braucht ständige Kontrolle	Ausreichend, muß gelegentlich kontrolliert werden	Erfüllt mit Sorgfalt die Anforderungen	Stets korrekte und sehr gute Arbeitsausführung	Gleichbleibend höchstes Leistungsniveau
5 10 15 20	25 30 35 40	45 50 55 60	65 70 75 80	85 90 95 100

Stellen Sie sich einen ganz bestimmten Mitarbeiter vor. Wie stufen Sie ihn zwischen 5 und 100 Punkten ein? Wie wollen Sie ihm über die Vielzahl von Arbeiten über ein ganzes Jahr hinweg diese punktgenaue Einstufung begründen? Würde ein Gespräch über diese Einstufung sehr motivierend sein oder zum Gezänk ausarten, schließlich bedeutet jeder Punkt (zumindest im Hintergrund, bei vielen Beurteilungssystemen auch direkt) Geld oder/und Chance zur Beförderung.

Wir werden daher drei Grundmodelle von Stufungsmöglichkeiten mit einer 5er-Skala vorstellen.

8.3.1.1 Die freie Beschreibung

Bei der freien Beschreibung liegt die Bewertung ganz allein beim Beurteiler. In einem Beurteilungssystem aus der Praxis sieht das folgendermaßen aus.

Beurteilungsmerkmal	Schildern Sie mit eigenen Worten, inwieweit der Beurteilte den Erwartungen entspricht
1. ...	
2. Verhalten gegenüber Kunden	

Ein paar Stichworte genügen, um die These zu rechtfertigen, daß die völlig freie und ungebundene Beurteilung, was ihre Zuverlässigkeit und Vergleichbarkeit betrifft, von allen Verfahren am schlechtesten abschneidet.

Der *Sprachgebrauch* und die Ausdrucksfähigkeit bereiten große Probleme. Wer kann schon souverän mit dem Unterschied von »freundlich« und »herzlich« umgehen? Jedes *Wahrnehmen* und *Werten* ist ein subjektiver Vorgang. Ein Vorgesetzter, der selbst sehr »offen« mit Kunden umgehen kann, wird das Verhalten eines Mitarbeiters anders sehen als ein Vorgesetzter der eher »sachlichen« Art. Und wie soll eine Vergleichbarkeit zwischen Mitarbeiterinnen und Mitarbeitern gewährleistet werden?

Von großer praktischer Bedeutung ist jedoch die Form der *gebundenen* freien Bewertung. Sie spielt vor allem bei den qualitativen, nicht unmittelbar meßbaren Leistungskriterien eine bedeutsame Rolle. Ein Beispiel:

»Marktfähigkeit der Entwicklungen«

1. Sehr hoher Zusatznutzen für den Kunden, weit mehr als der Wettbewerb.
2. Deutlicher Zusatznutzen für den Kunden, spürbar mehr als der Wettbewerb.
3. Einige Zusatznutzen für den Kunden, knapp mehr als der Wettbewerb.
4. Der Zusatznutzen für den Kunden unterscheidet sich nicht vom Wettbewerb.
5. Kaum Zusatznutzen für den Kunden, dem Wettbewerb unterlegen.

Die von den Mitarbeiterinnen und Mitarbeitern erzielten Ergebnisse können vom Vorgesetzten immer noch frei bewertet und beschrieben werden. Durch die Vorgabe von Hilfskriterien ist der Vorgesetzte dabei jedoch in vorgegebene und abgestufte Zielvorstellungen, an denen er seine Bewertung auszurichten hat, eingebunden. Im übrigen: ob uns das sympathisch ist oder nicht, in der Praxis führt kein Weg daran vorbei, daß sich ein Unternehmen und das Geschehen in ihm nicht auf eine rein technische, durch und durch rechenbare Maschine reduzieren läßt. Trotz aller Anstrengungen um mehr Objektivität braucht es »Führung«. Bezogen auf Beurteilung und Entgeltfindung bedeutet das, daß die ganze Vielfalt des Arbeitsgeschehens während eines Jahres sich in einem

Urteil, einer »Bandbreite« verdichtet werden muß. Wo dieses Urteil nicht berechnet werden kann, ist es plausibel und einsichtig zu begründen.

8.3.1.2 Die Skala

Weil sie den Anforderungen eines rationalen Managementes und den Zielvorgaben für zeitgemäße personalwirtschaftliche Instrumente am weitesten entsprechen, streben wir danach, den Systemen weitgehend meßbare Urteile über Leistungsergebnisse zugrunde zu legen.

Unser Servicemanagement gewährleistet, daß der Kunde spätestens nach zwei Tagen eine definitive Antwort auf sein Problem hat

○ 110 %   ○ 100 %   ○ 95 %   ○ 90 %   ○ <90 %

Das Einhalten dieses Versprechens an den Kunden ist bei heutiger Datenverarbeitung sehr einfach nachzumessen. Das Urteil über den Ist-Zustand ist daher rechenhaftig. Werden bei dieser Bewertung Ergebnisse unter 100 Prozent erzielt, kommt die Aufgabe des Verbesserungsprogrammes im Rahmen des Beurteilungswesens zum Vorschein. Aus einer Analyse der einzelnen Servicevorgänge, bei denen das angestrebte Ziel nicht erreicht wurde, sind Maßnahmen abzuleiten, um künftig die Erwartungen der Kunden zu erfüllen. Nun verfügt nicht jede Bank zu jedem denkbaren Leistungsmerkmal über entsprechende Datenbanken. Abgesehen von dem Wunsch danach wird die Praxis fordern, die *absolute* Meßbarkeit durch ein abgewogenes Urteil des Vorgesetzten zu ersetzen. Das führt dann zu »Likert-Skalen«.

++	+	○	–	––

oder auch:

1	2	3	4	5

Wo das Optimum der absoluten Meßbarkeit nicht machbar ist, wird für viele Banken auch das hier vorgestellte Suboptimum ein Fortschritt sein.

109

Ganz aus der Praxis heraus soll eine weitere Form der Gestaltung von Skalen, die Stufung mit *Verhaltensdefinitionen,* dargestellt werden. Aus den früheren Beispielen ergibt sich auch, daß bei einem entsprechenden Ziel für das Instrument auch die 5-Stufen-Sskala nicht sakrosankt ist. Das Beurteilungskriterium »*Kostendenken*« kann daher im Praxisfall mit zureichender Genauigkeit auch in einer verbal beschriebenen 3-Stufen-Skala abgestuft werden.

- Bemüht sich ständig, die Kosten zu reduzieren.
- Arbeitet kostenbewußt.
- Achtet wenig auf die Kosten.

Welche Art und welchen Ausprägungsgrad von Skalen wir wollen, hängt also von den Zielen und den (wünschenswerten und machbaren) organisatorischen Gegebenheiten der Bank ab.

8.3.1.3 Die Rangreihenmethode

Gehen wir zur Erläuterung der Methode von einem früheren Beispiel aus, in dem dem Leiter einer Filialdirektion »*mindestens 8 Vorschläge je Mitarbeiterin/Mitarbeiter pro Jahr im Rahmen des BVW*« zur Leistungsvorgabe gemacht wurden. Insgesamt hat dann ein Profitcenter in der Filialdirektion (mit 6 Mitarbeiterinnen und Mitarbeitern) 56 Vorschläge ausgearbeitet. Wenn es nun zu beurteilen gilt, welche Mitarbeiterinnen und Mitarbeiter sich in welchem Grad für das BVW engagiert haben (und dafür keine exakten Zahlen zur Verfügung stehen), wird sich der Leiter der Filialdirektion mit dem *Rangreihenverfahren* behelfen können.

Nr. 1   Die Mitarbeiterin/der Mitarbeiter, die sich am meisten um die Verwirklichung von Kaizen gekümmert hat

Nr. 6   Die Mitarbeiterin/der Mitarbeiter, der sich am wenigsten um die Verwirklichung von Kaizen gekümmert hat

Nr. 2   Die Mitarbeiterin/der Mitarbeiter, der direkt nach Nr. 1 kommt

Nr. 5   Die Mitarbeiterin/der Mitarbeiter, der unmittelbar vor Nr. 6 liegt

Das Beispiel zeigt, daß es in der Praxis sinnvoll ist, nicht von 1–6 zu gehen, sondern jeweils von den Enden her die Liste zu erstellen, das erleichtert die Einordnung.

Beim praktischen Vorgehen stellt sich schnell ein Problem ein. Die Nr. 1–2 und die Nr. 5–6 werden relativ rasch zu ermitteln sein. Doch im Mittelbereich entstehen Plazierungsprobleme, die Nr. 3 wird sich von der Nr. 4 kaum unterscheiden. Das Gesetz der »Gauß'schen Normalverteilung« kommt zum Vorschein, der Mittelbereich differiert nur wenig. Dennoch macht es Sinn, das vollständige »erzwungene« Rangreihenverfahren zu fordern.

8.4 Zusammenfassung

- Sehr handfeste Argumente der Praxis fordern, die Leistungserwartungen der Kunden und die Leistungsergebnisse der MA wo immer möglich meßbar zu machen.

- Wo wir uns der angestrebten Objektivität nur über qualitative Kriterien nähern können, sind entsprechende Hilfskriterien zu entwickeln, um sachorientierte Beurteilungen zu gewährleisten.

- Die möglichen Grade der Erreichung von Zielen sind in Leistungsstufen zu definieren. Dabei ist die Stufung in einer 5er-Skala im allgemeinen die nützlichste Form.

- In der Zuteilung von Geld zu den erreichten Leistungsstufen müssen sich die strategischen Ziele des Unternehmens widerspiegeln.

Unsere Überlegungen befaßten sich bisher mit einem »neuen«, einem »idealen« System der Mitarbeiterbeurteilung. Da die Banken ganz überwiegend bereits ein solches Instrument besitzen, soll ganz an der Praxis orientiert danach gefragt werden, wie im Hinblick auf diese vorhandenen Instrumente verfahren werden soll. In aller Regel sind sie ja nicht völlig veraltet, sie enthalten viele weiterhin brauchbare Elemente, haben bisher gut verwertbare Aussagen geliefert, und die Vorgesetzten/Beurteiler sind mit ihnen vertraut. Für viele Banken empfiehlt es sich daher, nicht einen »radikalen Schnitt« zu vollziehen, sondern einen Prozeß der *Weiterentwicklung* der vorhandenen Instrumente zu betreiben. Dazu folgen einige Anregungen.

9.1 Vorhandene Kriterien im Hinblick auf die Kundenorientierung neu definieren

Ganz zu Beginn haben wir das Problem beschrieben, daß herkömmliche Instrumente der Personalwirtschaft (und deren Leistungskriterien), die »neutral«, nicht auf die konkreten Strategien der Bank ausgerichtet sind, auch ein »Eigenleben« führen können. Daraus erwächst die erste Aufgabe – wenn es sinnvoll erscheint, den »Kern« des bisherigen Instrumentes zu erhalten –, die vorhandenen Kriterien aus der Sicht der Kundenorientierung *neu* zu definieren und *präziser* zu formulieren. Diese Aufgabe soll anhand eines Beispiels dargestellt werden.

Gehen wir in die Praxis eines herkömmlichen Beurteilungssystems, um die Problematik zu verdeutlichen. Da wird in einem bankenspezifischen System der Mitarbeiterbeurteilung das Beurteilungskriterium »Durchsetzungsvermögen« definiert mit: » . . . ist die Fähigkeit, mit Argumenten in angemessener Form zu überzeugen.« Hierbei wird die Problematik sehr deutlich. Überzeugen kann ein Kundenberater einen Kunden von einem Produkt (»produktorientierter Verkauf«). Überzeugen kann er auch mit einer aus der Situation des Kunden entwickelten Problemlösung (»problemorientierter oder kundennutzenorientierter Verkauf«). Eine Bank, die sich an der Strategie der Kundenorientierung ausrichtet, muß die (traditionell vorhandene!) Interpretation dieses Beurteilungskriteriums des produktorientierten Verkaufs ausschließen. Es macht keinen Sinn, die Kundenorientierung zu fordern und die Produktorientierung zu belohnen. Wenn eine entsprechende Klarstellung nicht erfolgt, können sich die Mitarbeiterinnen und Mitarbeiter durch ein kurzfristig erfolgreiches produktorientiertes Verkaufsverhalten, das kontraproduktiv zur Philosophie des Unternehmens wirkt, die besten Beurteilungen (und daran geknüpfte Leistungsprämien) verdienen. Wenn die gewohnten »Pushprogramme« für bestimmte Produkte weiterhin zu den (manchmal einzigen handfesten materiellen) Erfolgserlebnissen der Mitarbeiterinnen und Mitarbeiter führen, werden sie auch künftig die Hochglanzbroschüren des Marketings mit ihren Versprechen der Kundenorientierung in teure Makulatur verwandeln. Beurteilungs- und Leistungsentgeltfindungssysteme müssen daher auf die neuen »Leuchttürme« der Strategien ausgerichtet, von ihrer »Neutralität« personalwirtschaftlicher Zeugnisunterlagen und den gewohnten Interpretationsmustern befreit werden. Die erste grundlegende Forderung bei der Weiterentwicklung vorhandener Beurteilungssysteme heißt also, bestehende »neutrale« Leistungskriterien strategieorientiert neu zu formulieren und zu definieren.

9.2 Vorhandene Instrumente um kundenbezogene Kriterien ergänzen

Einschneidender werden die Veränderungen von hergebrachten personalwirtschaftlichen Instrumenten einer Bank, wenn wir die Konsequenzen aus der Tatsache ziehen, daß der Erfolg einer Bank, die die Strategie der Kundenorientierung verfolgt, von sehr speziellen Erfolgskriterien abhängt, die in einem traditionellen personalwirtschaftlichen Instrument fehlen, weil sie für die frühere Unternehmensstrategie nicht benötigt wurden. So war beispielsweise für die »klassische« Bank (es wird hier sehr schwarzweiß gezeichnet) in einem »Verteiler- und Wachstumsmarkt« der Begriff von »kundenorientiertem Servicemanagement« unbekannt und fand daher auch keinen Niederschlag in den herkömmlichen Beurteilungssystemen. Der Kunde wollte etwas von dem Unternehmen (etwa eine Baufinanzierung) und durfte warten (wie ein

Käufer auf seinen »Daimler«), bis ihm das Produkt zugeteilt wurde. »Risiko« war in den geschilderten Märkten eher eine Frage des prozentualen Zuschlags auf die zu leistenden Zahlungen als eine Frage des mit einem Kunden zu erörternden Risikomanagements. In den folgenden Ausführungen wird an einigen wenigen Beispielen darzustellen sein, wie deshalb neue, durch eine neue Strategie begründete Leistungskriterien in einem Beurteilungssystem ihre Berücksichtigung finden können.

Wenn wir uns nach diesen grundsätzlichen Fragen direkt der konkreten Ausgestaltung eines Beurteilungssystems zuwenden, ergibt sich aus der Natur der Sache, daß das Kriterium 1: »*Generelle Kundenzufriedenheit*« der allgemeine Maßstab ist, an dem alle kundenbezogenen Leistungen einer Bank zu messen sind. Natürlich ist die allgemeine, pauschale Kundenzufriedenheit auf den ersten Blick ein »Allerweltskriterium«. Sie entsteht aus einer Vielzahl von Aktivitäten seitens der Bank. Für ein auf die einzelne Person bezogenes Beurteilungs- und Erfolgsbeteiligungssystem darf sie deshalb nicht direkt herangezogen werden, denn das pauschale *Ergebnis* ist den einzelnen Mitarbeiterinnen und Mitarbeitern nicht direkt zurechenbar. Kundenzufriedenheit ist ein Ergebnis, bei dem wir nicht entscheiden können, welcher *Prozeß* sie im Detail bewirkt hat. Die Lösung für das Problem wird nach der Darstellung eines weiteren Leistungskriteriums, bei der wir der gleichen Frage nochmals begegnen, aufgezeigt.

Aufgrund sehr konsistenter Untersuchungs- und Befragungsergebnisse ist es praktisch unbestritten, daß die Banken regelmäßig nicht mit ihren Erst- und Neukunden, sondern erst mit ihren Stammkunden das bessere Geschäft machen. Von daher leitet sich das zweite Kriterium für ein kundenorientiertes Prämiensystem, der »*Grad der Kundenbindung*«, ab, das in Kombination mit dem Kriterium 1 darüber entscheidet, wie die Beurteilung der Mitarbeiterinnen und Mitarbeiter gewonnen werden soll. Auch mit diesem Beurteilungskriterium wird ein Anreiz geschaffen, nicht nur – wie bisher – vorhandene Produkte zu verkaufen. Er soll – unter Aufgabe des »Cash-und-weg-Prinzips« – dafür verantwortlich sein, daß Kunden bei einem erneuten Bedarf »selbstverständlich« wieder bei »ihrer« Bank anfragen. Ein Beurteilungssystem muß eine Antwort auf die Erkenntnis geben, daß der beste Kunde der Dauerkunde ist. Das stellt das allein periodenbezogene Konzept herkömmlicher Instrumente in Frage. Die Belohnung für kurzfristige Erfolge darf nicht den Bemühungen um erst längerfristig wirksame Erfolgsfaktoren zuwiderlaufen.

An dieser Stelle müssen wir etwas genauer darauf eingehen, daß ein neues Beurteilungssystem nur funktionieren und zum Leben kommen kann, wenn es von einem neu gestalteten Informations- und Controllingsystem begleitet und unterstützt wird. Hinsichtlich des Kriteriums 1, der generellen Kundenzufriedenheit, bedeutet das, daß das schon in einer Mehrzahl von Banken vorhandene Marketinginstrumentarium, das die Kundenzufriedenheit ermittelt, mit dem personalwirtschaftlichen Instrument der Beurteilung vernetzt werden muß. Bei dem zweiten Kriterium, dem Grad der Kundenbindung, stehen die meisten Banken vor einer großen Herausforderung. Weil es für ihre Strategie ganz allgemein wichtig ist, die Erstkunden, die Wiederholungskäufer und die Stammkunden zu kennen, müssen sie das Instrument der *Kundenwanderungsbilanz* entwickeln und verfeinern. Dann können und müssen die dort gewonnenen Daten in das Beurteilungssystem transponiert werden. Da müssen die gewonnenen Informationen für Klarheit sorgen, ob die (meist maßlos überschätzte) »Jagd nach dem Neukunden« oder die »Pflege von Stammkunden« in der jeweiligen Marktsituation das gewinnbringende Geschäft ist. Anhand dieser Informationen ist dann auch zu entscheiden, wie ein Beurteilungssystem die situationsbedingte Definition von »Leistung« belohnen soll, also als Instrument die erwünschte Praxis stützen und fördern soll. Beispielhaft sei die Entwicklung eines derartigen Erfolgskriteriums geschildert. Gehen wir von einer einfachen Alltagssituation aus. Ein Abteilungsleiter heiratet und beginnt an eine Eigentumswohnung zu denken. Was er benötigt ist zunächst nicht der Abschluß eines Bausparvertrages, sondern eine längerfristig angelegte Beratung zur Entwicklung seiner Vermögenssituation. Oder ein mittelständischer Unternehmer gerät in eine wirtschaftlich schwierige Situation. Er benötigt zuerst einmal keinen »Überbrückungskredit«, sondern eine »Sanierungsberatung«. Die Beispiele zeigen, daß die herkömmliche Definition von kommunikativer Kompetenz, das »Durchsetzungsvermögen«, nicht mehr ausreichend ist. Künftig muß ein Kriterium, die »fachkompetente Beratung«, für ein kundenorientiertes Beurteilungssystem ausschlaggebend sein. Also wird als Beurteilungskriterium

»die Kunden schätzen unseren Außendienst als fachkundige Berater ein« in die Gestaltung eines Beurteilungssystems einbezogen werden müssen.

Wo bisher in einem traditionellen Beurteilungssystem noch das Ausdrucksvermögen (»Vermögen, Sachverhalte schriftlich und mündlich, klar und verständlich auszudrücken«) beurteilt wurde, wird in einem mit der Strategie der Kundenorientierung abgestimmten System der Beurteilung dagegen eine derart allgemein beschriebene Befähigung aus einer speziellen Sicht neu gesehen werden. Die Mitarbeiterinnen und Mitarbeiter brauchen eine spezielle Qualifikation, nämlich eine Beratungskompetenz. Beraten ist etwas anderes als nur informieren und Informationen klar und verständlich übermitteln zu können. Es geht nicht mehr in erster Linie darum, *wie*, sondern *was* Gegenstand der Information ist. Kommunikative Kompetenz bezieht sich also in einer kundenorientierten Bank nicht mehr auf die klare und verständliche Erläuterung eines Produktes, sondern auf die für den Kunden verständliche und deshalb von ihm akzeptierte Problemlösung. Ein die Kundenorientierung unterstützendes Beurteilungssystem fordert und belohnt daher nicht mehr die »rhetorische Brillanz« von Information, sondern die »kommunikative Kompetenz« der Beratung. Das muß durch entsprechende Erläuterungen zu den einschlägigen Beurteilungskriterien klargestellt werden.

Weil die sehr einheitlichen Ergebnisse von Untersuchungen und Befragungen die These rechtfertigen, daß nicht der Erstkunde, sondern erst der Stammkunde das »Geschäft« bringt, kann als weiteres Beispiel für ein Kriterium in einem zeitgemäßen Beurteilungssystem die »Qualität der persönlichen Beziehungen« angeführt werden. Es geht von der gesicherten Erkenntnis aus, daß neben der (kundenbezogenen) Qualität der Produkte auch die Zufriedenheit der Kunden mit den persönlichen und sozialen Beziehungen zu ihren Ansprechpartnern eine wichtige Säule eines Managementes der Kundenbindung bildet. Gewiß ist es so, daß das entsprechende Urteil der Kunden zu erheblichen Teilen subjektiv gefällt wird. Dennoch ist es wichtig, dieses Urteil der Kunden zu kennen, weil von ihm der Erfolg der Geschäftsbeziehungen abhängt. Überspitzt gesagt, es nützt der Bank nichts, wenn eine Mitarbeiterin/ein Mitarbeiter in der Kundenberatung objektiv die/der »Beste« ist, der Kunde aber nicht auf deren Angebote eingeht, weil er sie subjektiv nicht mag. Deshalb geben entsprechende Urteile der Kunden den Mitarbeiterinnen und Mitarbeitern im Außendienst Anlaß, an der Weiterentwicklung ihrer Verkäuferpersönlichkeit zu arbeiten. Deshalb sind auch subjektiv gefärbte Urteile wichtig. Also läßt sich als Kriterium »Qualität der persönlichen Beziehungen« verdeutlichen: *»Die Kunden bestätigen, daß die Mitarbeiterin/der Mitarbeiter im sozialen Umgang miteinander herzliche, offene und verläßliche Partner sind.«* Das ist ein schwieriges Feld für ein Beurteilungssystem. Wir müssen das sehr technisch-rationale Gebilde von Zahlen, Daten und Fakten teilweise verlassen. Wir müssen nur beurteilbare, nicht im engeren Sinne meßbare, erheblichen subjektiven Einflüssen unterliegende Kriterien in ein zeitgemäßes Beurteilungssystem aufnehmen. Die Schwierigkeit liegt dabei darin, daß wir von der überlieferten und verfestigten tayloristischen Denkhaltung Abschied nehmen müssen. Es ist halt eine »Technikutopie«, ein Unternehmen sei eine rein technische Veranstaltung, die man deshalb auch technisch machen müsse. Der Punkt ist: Wenn Kunden aus subjektiven Gesichtspunkten über künftige Geschäftsbeziehungen entscheiden, müssen die Mitarbeiterinnen und Mitarbeiter sich ihren Erfolg daran messen lassen, inwieweit sie in der Lage sind, solche subjektiven Urteile positiv zu beeinflussen.

Das dritte Beispiel für ein »neues«, aus der Kundenorientierung abgeleitetes Leistungskriterium resultiert aus dem Handlungsfeld »Nachbetreuung«. *»Die Mitarbeiterin/der Mitarbeiter arbeitet konsequent nach einem Kundenkontakt- und Kundenbetreuungsprogramm.«* Mit diesem Kriterium wird die Erkenntnis, daß in aller Regel nicht der Erst- oder Einmalkunde, sondern der Dauerkunde das Geschäft bestimmt, einer Leistungsbewertung zugänglich. Deshalb muß die »Pflege des Kunden«, auch unabhängig von einem aktuellen Geschäft, als Prozeßkriterium neben dem »Abschluß mit einem Kunden« als Ergebniskriterium in den Instrumenten seinen Niederschlag finden. Das Beurteilungskriterium bezweckt, daß die Mitarbeiter ihre Kundenkontakte rational planen und dabei systematisch vorgehen. Zudem soll dieses Leistungsziel dem »Cash-und-weg«-Denken entgegenwirken. Mit dem Abschluß eines Vertrages ist ein Geschäft nicht beendet. Die Bank muß sich auch dafür interessieren, ob das Geschäft klaglos abgewickelt wurde, inwieweit der Kunde mit den Produkten und

Dienstleistungen »etwas anfangen« konnte. Die Betreuung der Kunden in der Phase der »Nachbetreuung«, die Nachsorge, wird so viele Anregungen geben, wie künftig kundenorientiert Leistungen der Bank verbessert werden können. Hier wird die zusätzliche Aufgabe aller Mitarbeiterinnen und Mitarbeiter sichtbar, nicht nur für ein Produktverkaufsprogramm, sondern auch für ein Kundenbindungsprogramm verantwortlich zu sein.

9.3 Das vorhandene Beurteilungssystem um neue Teilinstrumente erweitern

Die ersten beiden Schritte, um ein vorhandenes System der Mitarbeiterbeurteilung an die Strategie der Kundenorientierung anzupassen, heißen: »Vorhandene Leistungskriterien neu formulieren und definieren« sowie »zusätzliche kundenorientierte Kriterien neu einfügen«. Dabei bleibt das Kerngerüst eines tradierten Instrumentes der Beurteilung erhalten. »Die/der Vorgesetzte beurteilt die Leistungen der Mitarbeiterinnen und Mitarbeiter anhand vorgegebener Leistungskriterien.« Der dritte Schritt, der nachfolgend dargestellt wird, löst das bisherige »Einheitssystem« in mehrere Teilsysteme und -Instrumente auf. Neu sind die mehreren Teilsysteme als Ausdruck neuerer Entwicklungen im Bankmanagement, die in ein entsprechend neues personalwirtschaftliches Instrumentarium münden müssen. In der »Philosophie« eines zeitgemäßen Bankmanagementes sind u. a. zwei gestaltungsentscheidende Thesen enthalten.

- Der Erfolg einer Bank hängt zunehmend von einer ausgeprägten Kundenorientierung ab.
- Der Erfolg einer Bank wird immer mehr von einer praktizierten Teamarbeit (in und zwischen Abteilungen) bestimmt.

Die aus diesen »bekannten« Thesen zu ergreifenden Schlußfolgerungen für die Gestaltung von personalwirtschaftlichen Instrumenten ergänzen die beiden Thesen zunächst um die – zumindest auf den ersten Blick – banalen Aussagen:

- Die Philosophie der Kundenorientierung zwingt zu der Erkenntnis, daß der Kunde bestimmt, was »Qualität« ist. Deshalb ist auch sein Urteil maßgeblich für das, was aus der Sicht der Bank gesehen eine »Leistung« ist. Das gilt für das externe sowohl wie für das interne Kunden-Lieferanten-Verhältnis.

- Die Qualität einer sozialen Beziehung findet eine zutreffende Beurteilung nur, wenn die Meinungen aller an dieser Beziehung Beteiligten und in sie eingesponnenen zu einer gemeinsamen Sicht zusammengeführt werden können (wenn diese soziale Gruppe eine auf Dauer angelegte Leistungsgemeinschaft sein will).

- Leistungsgemeinschaften werden wesentlich dadurch geprägt, daß nicht die Anordnung (und das Werten) »von oben nach unten«, sondern das gewollte Zusammenwirken die wichtigste Grundlage für eine gemeinsam zu bewirkende Leistung ist. Das setzt an prominenter Stelle voraus, daß das »Team« selbst »Konflikte« (Gegensätzlichkeiten aller Art) lösen kann.

Faßt man die beiden genannten Grundthesen eines zeitgemäßen Bankmanagementes und die erwähnten Grundsätze zusammen, mündet das in der Praxis in drei Teilinstrumente im Rahmen des Gesamtinstrumentes der Mitarbeiterbeurteilung. Deren Grundzüge werden in den nächsten Kapiteln dargestellt.

9.3.1 Das »Partnergespräch«

Bringen wir den Gedanken von »*kooperativer*« Führung, den die Banken anstreben, auf seinen Kern. Er besagt, daß eine Höchstleistung nur von einer Gemeinschaft erreicht wird, wenn die Mitglieder der Gemeinschaft als vollwertige Partner (mit ihren unterschiedlichen Funktionen und Aufgaben!) in einem »Team« integriert sind. Das »*Partnergespräch*« zieht daraus die Konsequenz. Alle auf »Führung« bezogenen Kriterien werden aus dem traditionellen System der Beurteilung herausgenommen. Statt dessen führt der Vorgesetzte mit seinen Mitarbeiterinnen und Mitarbeitern einmal im Jahr das »*Partnergespräch*«.

1. Alle Kriterien, die die Qualität von »Führung« betreffen, entfallen bei der »Mitarbeiterbeurteilung«.
2. Die wichtigsten dieser Kriterien werden für das Instrument »Partnergespräch« definiert.
3. Die Vorgesetzten, Mitarbeiterinnen und Mitarbeiter geben jährlich eine gegenseitige Einschätzung zu den »Führungskriterien« ab.
4. In einem »Partnergespräch« werden die Ergebnisse aus den Einschätzungen aufgearbeitet und in einen »Verhaltenskatalog für eine verbesserte Führung« umgesetzt.

Exemplarisch kann die Notwendigkeit für dieses neuartige Teilinstrument an dem Beurteilungskriterium eines herkömmlichen Beurteilungssystems »*Motivationsfähigkeit des Vorgesetzten*« beleuchtet werden.

– Wie soll der *nächsthöhere* Vorgesetzte, der die Befähigung des Vorgesetzten zur Motivation der Mitarbeiterinnen und Mitarbeiter beurteilen muß, zu einem fundierten Urteil kommen? Wie oft trifft er sich zu einem (beiderseitig!) »zwanglosen« Gespräch mit den Mitarbeiterinnen und Mitarbeitern des ihm nachgeordneten Vorgesetzten?
– Welcher Vorgesetzte kann schon die enormen Barrieren überwinden, die einer objektiven Selbstbeurteilung entgegenstehen? Er muß doch *seine* Befähigung zur Motivation beurteilen, wenn er seine Wirkung auf die Mitarbeiterinnen und Mitarbeiter einschätzen soll.
– Ganz gewichtig für ein annähernd objektives Urteil sind doch die Meinungen der Mitarbeiterinnen und Mitarbeiter: Konnte uns unser Vorgesetzter motivieren? Weshalb, weshalb nicht?

Betrachten wir den Begriff »Motivationsfähigkeit« etwas genauer. Die Leistungen der Mitarbeiterinnen und Mitarbeiter erwachsen aus zwei Dimensionen, der Leistungsfähigkeit und der Leistungsbereitschaft, ihr Können in die Arbeit einzubringen. Deshalb ist die Motivationsfähigkeit, die Befähigung, die Leistungsbereitschaft zu wecken und zu fördern, eine zentrale Führungsaufgabe. Die folgenden Überlegungen gehen von der These aus, daß die derzeitige Formulierung der Erwartung an die Führungskräfte (»motiviert die Mitarbeiter gut«) nicht hinreichend konkret beschreibt, auf welche Verhaltensweisen besonderer Wert gelegt wird.

Motivation entsteht aus mehreren Einflußfeldern, u. a.

- bei den Mitarbeiterinnen und Mitarbeitern selbst,
- aus dem außerbetrieblichen Umfeld,
- aus dem sachlichen Arbeitsumfeld,
- aus den Einflüssen seitens des Vorgesetzten,
- ...

Eine Beurteilung von Vorgesetzten darf sich deshalb nicht auf Motivation generell beziehen. Sie darf nur das vom Vorgesetzten zu verantwortende Einflußfeld (möglichst konkret definiert) betrachten. Die Möglichkeiten von Vorgesetzten, die Leistungsbereitschaft der Mitarbeiterinnen und Mitarbeiter zu beeinflussen, sind vielgestaltig.

Beispiele:
- anspruchsvolle, herausfordernde Aufgaben,
- selbständige, eigenverantwortliche Arbeit,
- Einbezug in Entscheidungsprozesse,
- Bestätigung erzielter Leistungsergebnisse,
- persönliche Anerkennung,
- Einbeziehen in die Leistungsgemeinschaft,
- ...

Zur Weiterentwicklung des Beurteilungskriteriums »Motivation« (und dessen Einbezug in das »Partnergespräch«) wird daher ein Vorgehen in Schritten vorgeschlagen.

a) Erstellen eines (teilweise unternehmensspezifischen) Verhaltenskatalogs von Einflußmöglichkeiten von Vorgesetzten auf die Motivation der Mitarbeiterinnen und Mitarbeiter.
b) Entwickeln von unternehmensspezifischen Prioritäten zu diesem Verhaltenskatalog.
c) Ausschluß derjenigen Elemente, die bereits in anderen Beurteilungskriterien erfaßt sind.
d) Beschreiben der verbleibenden »Verhaltensmuster«, die dann ein »Thema« im Rahmen des »Partnergesprächs« sind.

So wird beispielsweise das sehr positive Verständnis von »Kritikfähigkeit« erst dann »zum Leben« kommen und das Verhältnis Vorgesetzter – Mitarbeiterinnen und Mitarbeiter deutlich prägen, wenn die Vorgesetzten das Vermögen entwickeln, »konstruktive Kritik anzunehmen bzw. umzusetzen«. Das wiederum setzt voraus, daß Kritik nicht als »Herumnörgeln« an einer »Unantastbarkeit« von Vorgesetzten verstanden wird. Sie muß sich zu einem Gespräch darüber entwickeln, was, ausgehend von den Erfahrungen der Vergangenheit, in der Zukunft günstiger gestaltet werden kann.

In dem hier interessierenden Zusammenhang stellt sich das Verhältnis zwischen Vorgesetzten und Mitarbeiterinnen und Mitarbeitern als eine soziale Beziehung zwischen einer Person A und den Personen B, C, D . . . dar. Von der Person A wird erwartet, daß sie mit Erfolg einen bestimmten Einfluß auf die Personen B, C, D . . . ausübt bzw. bestimmte Formen des sozialen Umgangs wahrt. Deshalb ist es logisch, nicht nur den Vorgesetzten, sondern auch die Personen B, C, D . . . danach zu fragen, in welchem Ausmaß die entsprechenden Erwartungen erfüllt werden. Es erscheint unlogisch, den Vorgesetzten des Vorgesetzten darüber (alleine) befinden zu lassen, inwieweit dessen Mitarbeiterinnen und Mitarbeiter beispielsweise der Meinung sind, daß sie selbständig arbeiten dürfen. Diese Überlegung ist nur auf den ersten Blick überraschend. Das ist am Beispiel der Beziehungen zu externen Kunden nachvollziehbar. Zu der Frage, inwieweit die Kundenberater Zufriedenheit bei den Kunden bewirkt haben, verlassen wir uns als Grundlage für darauf aufbauende Entscheidungen nicht (nur) auf das Urteil der Vorgesetzten der Kundenberater. Wir befragen die »Betroffenen«, die externen Kunden selbst (»Kundenzufriedenheitsanalysen«). Der hier vorgelegte Vorschlag bedeutet daher (nur), auch bei internen Beziehungsverhältnissen die Meinung der »Betroffenen« in das Gespräch über Folgeentscheidungen einzubeziehen. Das setzt freilich eine Weiterentwicklung zum Selbstverständnis der Rolle von Führungskräften voraus.

Der Gedanke kann an dem Beurteilungskriterium »Personalentwicklung« vertieft werden. Wenn lediglich von der Vorgesetztenseite her beurteilt wird, ob die Mitarbeiterinnen und Mitarbeiter genügend gefördert werden, können Notwendigkeiten der

Personalentwicklung übersehen werden, die aus der Sicht der Mitarbeiterinnen und Mitarbeiter notwendig wären. Ebenso kann es sein, daß der Vorgesetzte Maßnahmen zur Entwicklung für erforderlich hält, die die Mitarbeiterinnen und Mitarbeiter nicht als notwendig ansehen. Auch unter dem Gesichtspunkt der Akzeptanz von »Gemeinsamen Zielvereinbarungen« über Verbesserungen ist es deshalb dringend wünschenswert, daß Vorgesetzte und Mitarbeiterinnen/Mitarbeiter in einem Dialog (nicht auf der Grundlage eines einseitigen Urteils) ihre Ansichten in eigenen Einschätzungen äußern, die dann Grundlage für ein gemeinsames Verbesserungsgespräch werden.

»Kooperative Führung« kann vom Willen dazu nur mehr und mehr zur Praxis werden, wenn sie (mindestens) einmal im Jahr auf den »Prüfstand« des Partnergesprächs kommt. Das hat nichts mit den bekannten Bemühungen zu tun: »Die Mitarbeiterinnen und Mitarbeiter beurteilen ihre Vorgesetzten.« Dem Instrument liegt ein anderes Konzept zugrunde. Bei der herkömmlichen Beurteilung sitzt der Vorgesetzte in der dominierenden »Vorderhand«, jetzt sollen die Mitarbeiterinnen und Mitarbeiter diese Position einnehmen. Die Struktur bleibt gleich, »wer sitzt oben, dominiert, hat die *Macht,* andere (vielleicht mit schwachen Rechten zum Widerspruch – als Deckmäntelchen –) zu beurteilen? Das *Partnergespräch* hat eine andere Struktur. Es will nicht »Streit« (unterschiedliche Meinungen) vermeiden, sondern ihn provozieren, um ihn fruchtbar zu machen. Es will mit einer *gemeinsamen* Arbeit der Frage nachgehen, wie »Leistungsförderer« gestärkt und wie »Leistungshemmer« abgebaut werden können; wie das soziale Verhältnis »Führung« zu voller Wirksamkeit gebracht werden kann.

9.3.2 Das »Teamgespräch«

Ein ganz simpler Fall zeigt uns, worauf die Forderung nach kräftiger Förderung des Teamgedankens in einer Bank beruht. Das kundenorientierte Ziel: »Über den Antrag auf eine Baufinanzierung ist spätestens nach zwei Tagen (nachdem die vom Kunden beizubringenden Unterlagen vorliegen) entschieden«, kann nur erreicht werden, wenn »Außendienst« und »Innendienst« im Profitcenter »Baufinanzierung« nahtlos zusammen*wirken.* Wenn sie also (mit ihren jeweiligen Teilaufgaben) nicht nur bestens zusammenorganisiert werden. Also, wenn sie ein Team sind. Deshalb ist das »*Teamgespräch*« die Antwort auf diese Situation.

In Team-Seminaren gehört es zu den grundlegenden Elementen, daß die Teilnehmerinnen und Teilnehmer regelmäßig ihre Einschätzungen darüber spiegeln, wie sich das Team entwickelt, welches Verhalten die Entwicklung fördert, welches eher hinderlich ist. Wer anders als die Beteiligten selbst sollte sachgerecht eine derartige Einschätzung und Wertung abgeben können? Aus solchen Workshops heraus muß diese Methodik im Rahmen eines »Teamgesprächs« als neues Instrument Eingang in die Praxis finden. Der Weg dazu sieht so aus, daß aus dem vorhandenen Beurteilungssystem die Kriterien, die die »Teambefähigung« betreffen, herausgenommen werden. Sie werden die Grundlage für eine »Teambefragung«, bei der die Mitglieder eines Teams sich einmal im Jahr gegenseitig einschätzen. Darauf baut dann das »Teamgespräch« auf, in dem die Ergebnisse erörtert und in zu erarbeitende »Leitlinien für die künftige Arbeit«, in Verhaltenskataloge für die Praxis umgesetzt werden. Die dadurch zu erwartende Verbesserung der Qualität der Teamarbeit erwächst aus der kritischen Arbeit des Teams und nicht mehr aus der Kritik des Vorgesetzten. Das neue Teilinstrument »Teamgespräch« im Rahmen des Beurteilungssystems steht vor einer großen – aber höchst notwendigen – Aufgabe, wenn man sich die derzeitige Praxis in vielen Kreditinstituten ansieht. Das Umsetzen des Teamgedankens steckt weithin noch in den Anfängen, »weil es nicht gelang, das Dominanzstreben einzelner Funktionsträger zugunsten *gemeinsamer* Zielerreichung zurückzuführen. Zwischen Beratern und Sachbearbeitern werden mit allen Methoden moderner Kriegsführung erbitterte Machtkämpfe um Zuständigkeiten, Kompetenzen und hierarchische Einstufung ausgetragen, und immer dann, wenn die Zusammenarbeit einigermaßen funktioniert, wird man feststellen, daß sich eine der beiden Gruppen durchgesetzt hat und die andere nur noch Assistenz- und ›Wasserträger‹-Dienste leistet.«[1]

Betrachten wir zur Vertiefung das herkömmliche Beurteilungskriterium »Teamfähigkeit«. Bei den diesbezüglichen Beurteilungen geht es um die sozialen Kompetenzen der Mitarbeiterin-

---

[1] Herd/Bärtele, a. a. O., S. 91.

nen und Mitarbeiter, die eine weitere wichtige Grundlage für deren Leistungen sind. Teamfähigkeit ist ein Sammelbegriff, der eine Mehrzahl von teilweise recht unterschiedlichen Elementen enthält. Einige typische Aspekte sind:

- Gemeinsame Zielfindung,
- Konstruktive Zusammenarbeit,
- Informations- und Erfahrungsaustausch,
- Zurückstellen eigener Interessen,
- Gegenseitig beraten,
- Gegenseitig unterstützen.

Es ist für einen Vorgesetzten außerordentlich schwierig, bei einem derart komplexen Kriterium zu einem annähernd objektiven Urteil zu kommen. Deshalb soll die Beurteilung von »Teamfähigkeit« durch den Vorgesetzten durch eine (abteilungsweise) gegenseitige Einschätzung von Vorgesetzten, Mitarbeiterinnen und Mitarbeitern ergänzt werden. Vorbild für dieses Vorgehen sind die von Unternehmen (und Banken) beabsichtigten und weitgehend schon durchgeführten externen Kundenbefragungen und internen Mitarbeiterbefragungen. Dabei soll ermittelt werden, was die »Partner« denken, um die eigene Vorstellung darüber, was sie denken, realistisch zu machen und erfolgssteigernde Maßnahmen aus den Ergebnissen abzuleiten. Vergleichbar sollen künftig für ein »Teamgespräch« einige konkrete Kriterien entwickelt werden (z. B. »Bereitschaft, stellenübergreifende gemeinsame Ziele zu fördern«), anhand derer sich alle Mitarbeiterinnen und Mitarbeiter eines Bereiches gegenseitig beurteilen. Die Ergebnisse dieser Teambefragung werden in einem Teamgespräch aufgearbeitet. Dabei erarbeitet das Team einen Verhaltenskatalog als Zielsetzung für die künftige Art des fachlichen und sozialen Zusammenwirkens.

1. Alle Kriterien, die
   – die sachliche Zusammenarbeit
   – das soziale Zusammenwirken
   betreffen, entfallen beim Mitarbeiterbeurteilungssystem.
2. Die wichtigsten Teamkriterien werden für das Instrument »Teamgespräch« definiert.
3. Die Vorgesetzten, Mitarbeiterinnen und Mitarbeiter geben einmal jährlich eine gegenseitige Einschätzung zu den Teamkriterien ab.
4. In einem Teamgespräch werden die Ergebnisse aufgearbeitet. Es wird ein »Verhaltenskatalog« als Leitbild zur Verbesserung des »Miteinander« erarbeitet.

Das genannte Beispiel zeigt, daß ein zeitgemäßes personalwirtschaftliches Instrument auch »geheiligte« Traditionen in Frage stellen muß, wenn es die Notwendigkeit zur Teamentwicklung wirksam fördern will.

9.3.3 Das »Profitcenter-Costcenter-Gespräch«

Noch einen entscheidenden Schritt weiter in der Frage, was »Beurteilung« künftig sein wird, deren künftige Aufgabe ist, folgt aus der nächsten Überlegung. Die praktischen Konsequenzen aus der Forderung nach Teamarbeit werden die weitere Entwicklung und das künftige Gesicht kundenorientierter Instrumente prägen. »Das Teamdenken braucht Stützen«, so formuliert Hecking[2] die Aufgabe, die auch mit Hilfe des »Profitcenter-Costcenter-Gesprächs« gelöst werden soll. Die immer noch weit verbreiteten, letztlich sich verkaufshemmend auswirkenden Gegebenheiten der Praxis[3] sollen durch einen – auch mit diesem Instrument geförderten – Teamentwicklungsprozeß abgebaut werden. Auch bei diesem Teilinstrument eines zeitgemäßen »Beurteilungswesens« soll uns ein einfaches Beispiel aus der Praxis weiterhelfen. Jenseits von Verklärungen und theoretischen Erwägungen soll die Situation eines Firmenkundenberaters in einer Bank das Problem beleuchten. Der Firmenkundenberater hat einen Sanierungsfall in einem mittelständischen Unternehmen zu betreuen. Hervorragende Arbeit wird er dabei nur leisten können, wenn er

[2] A. a. O., S. 45.
[3] Vgl. Hecking, a. a. O., S. 46; Herd/Bärtele, a. a. O., S. 91 f.

126

von den Juristen, den Steuerexperten und den Branchenanalysten als den Spezialisten in den Stabsabteilungen exzellente Gutachten erhält. Im Zeitalter der Wissensexplosion, die die Komplexität auch »alltäglicher« Problemsituationen sprunghaft erhöht, hat das Konzept des »Allrounders« keine Chance mehr. Das (abteilungsübergreifende) Team, nicht das Zusammenorganisieren, sondern das Zusammenwirken der Spezialisten wird das Erfolgskonzept. Der Mythos, daß der »Mann an der Front« das Geschäft macht und der Innendienst die Kosten verursacht (wir unterscheiden ja zwischen Profit- und Costcentern), hat sich überlebt. Solche Realitäten verlangen von einem traditionellen Beurteilungssystem eine teilweise Abkehr von dem hergebrachten Prinzip der individuellen Zurechenbarkeit von Erfolgen und deren Bewertung (allein) durch den Vorgesetzten. Wir brauchen eine Antwort darauf, daß eine vom Kunden honorierte »Leistung« nicht die eines Individuums, sondern die eines Teams ist.

Profitcenter-Costcenter-Gespräch

1. Alle Kriterien, die sich auf
   – die sachliche Zusammenarbeit
   – das soziale Zusammenwirken
   zwischen Abteilungen beziehen, werden aus dem Mitarbeiterbeurteilungssystem herausgenommen.
2. Für die Zusammenarbeit zwischen Abteilungen werden die wichtigsten Kriterien definiert. Die Beteiligten geben einmal im Jahr ihre Einschätzung dazu ab.
3. Im »Profitcenter-Costcenter-Gespräch« werden die Ergebnisse aufgearbeitet. Es wird ein »Verhaltenskatalog« als Leitbild zur Verbesserung des »Miteinander« erarbeitet.

Bei dem Instrument »Profitcenter-Costcenter-Gespräch« handelt es sich um eine Anwendung des bekannten »Lieferantenbewertungssystems« (für externe Kunden) auf das interne Kunden-Lieferanten-Verhältnis zwischen Profit- und Costcentern. Im Kern: die Profitcenter werten die Nützlichkeit der (Zu-)Arbeiten durch die Costcenter (und umgekehrt). Das »Profitcenter-Costcenter-Gespräch« beruht auf den folgenden Denkansätzen.

- Die Leistungsfähigkeit von Unternehmen hängt künftig immer stärker davon ab, daß die strikte Steuerung »von oben« (dort wo es von der Sache her angebracht ist) durch eine »Selbststeuerung«

der Mitarbeiterinnen und Mitarbeiter (im Rahmen vorgegebener Ziele und Bandbreiten) ergänzt wird.

- Die Leistungsfähigkeit von Unternehmen hängt künftig immer stärker davon ab, daß die »Teamfähigkeit« im Unternehmen gestärkt wird. Der entscheidende Punkt von Teamfähigkeit besteht nicht in der organisierten reibungslosen Zusammenarbeit, sondern im Zusammenwirken; das bedeutet vor allem, daß die Teams selbst »Konfliktsituationen« (Gegensätzlichkeiten von Meinungen und Interessen, hier: Profitcenter – Costcenter) bewältigen können, keinen »Dritten« brauchen, der (schlichtend/anordnend) eingreift und vorschreibt. Wirkliche Teamfähigkeit besteht für eine Bank daher erst dann, wenn die Interessengegensätze zwischen Profitcentern und Costcentern, die besonders scharf werden, wenn es auch »um Geld« geht, in einem »Profitcenter-Costcenter-Gespräch« ausgetragen und zur Lösung gebracht werden.

- Ein »Lieferantenbewertungssystem« (für Externe) hat seinen Sinn darin, daß der direkte Empfänger einer Leistung die Qualität dieser Leistung am besten beurteilen kann. Die Philosophie der Kundenorientierung fordert daher, daß – auch bezogen auf das interne Kunden-Lieferanten-Verhältnis – die Qualitätsbeurteilung über die (von den Costcentern) erbrachte Leistung in erster Linie vom Leistungsempfänger selbst (den Profitcentern) erfolgen muß. Ein Instrument wie das »Profitcenter-Costcenter-Gespräch« ist daher (bei allen damit verbundenen Problemen) hervorragend geeignet, einen Lern- und Entwicklungsprozeß hin zur »Teamfähigkeit« auszulösen und zu fördern.

9.3.4 Schlußfolgerungen

Unternehmen, die eine neue Strategie verfolgen, müssen auch neue personalwirtschaftliche Instrumente entwickeln, die diese Strategie stützen und tragen. Kundenorientiert gestaltete Beurteilungssysteme sind das »Getriebe«, das Strategien in das operative Tagesgeschäft zu übersetzen hilft.

In dem heftigen Strukturwandel, auf den die Banken marktentscheidende Antworten geben müssen, ist die Frage nach einer »Erfolgsbeteiligung« der Mitarbeiterinnen und Mitarbeiter intensiv zu diskutieren. Zum Begriff der Erfolgsbeteiligung: Es geht um die materielle Beteiligung der Mitarbeiterinnen und Mitarbeiter am finanziellen Erfolg »ihrer« Bank in einer abgegrenzten Leistungsperiode. Damit steht das Modell, das nachher in seiner praktischen Ausgestaltung beschrieben wird, in einem scharfen Gegensatz zu »Zulagen-Modellen«, wie sie – im Kern – etwa der BAT vorsieht. Dieser begreift es als zulagenwürdig, wenn eine Aufgabe unter schwierigen oder erschwerenden Bedingungen zu bewältigen ist. Zulagen gibt es für den »*Schwierigkeitsgrad*« der Aufgabe oder beispielsweise das Dienstalter. Die Denkwelt der Erfolgsbeteiligung versteht unter »*Leistung*« nicht diese Schwierigkeit einer Aufgabe, sondern deren *Erfüllungsgrad:* Mit welchem Grad von Qualität wurde diese Aufgabe gelöst, nicht ob sie am Mittwoch oder Sonntag oder nach 20jähriger Betriebszugehörigkeit geleistet wurde. Von einem »leistungsbezogenen Entgelt« grenzt sich ein solches Instrument sehr scharf ab, indem es nicht eine individuell direkt dem Erfolg zurechenbare Leistung honoriert, also keine neue Variante von »Akkordlohn« oder »Provision« ist, es geht um die Beteiligung an dem Gesamterfolg der Bank. Von den bekannten unterschiedlichen Modellen einer »Beteiligung am Unternehmen« grenzt sich die Erfolgsbeteiligung dadurch ab, daß die Mitarbeiterinnen und Mitarbeiter nicht auf Dauer, also »institutionell« Teilhaber oder Miteigentümer werden. Es geht um eine *periodenbezogene* Teilhabe an Erfolgen und Mißerfolgen.

Daß überhaupt der Gedanke an ein Modell der Erfolgsbeteiligung auftaucht, hat zutiefst mit der Auffassung darüber zu tun, welche »Rolle« die Mitarbeiterinnen und Mitarbeiter für den Erfolg einer Bank spielen. Strukturwandel bedeutet in dieser Hinsicht gerade einen Wandel über die Interpretation der »Rolle« von Mitarbeiterinnen und Mitarbeitern in einer Bank.

10.1 Die Fragestellung

Bei der Suche nach einem zeitgemäßen Modell der »Belohnung für Erfolg« rühren wir an ein »uraltes« Thema, nämlich an das Verhältnis von »Kapital« einerseits und »Mensch/Arbeit« andererseits; und ganz speziell an die Frage, ob und wie (sinnvollerweise) der Erfolg gemeinsamer Bemühungen verteilt werden kann und soll. Vor den vielen praktischen Fragen, mit denen wir uns natürlich auch noch auseinandersetzen müssen, muß sich eine Bank zunächst mit der Grundfrage befassen: »Welche Rolle spielt für uns das Personal?« Das bedeutet das kritische Durchdenken einer langen Tradition. Mitarbeiterinnen und Mitarbeiter waren (sind es vielfach heute noch) nur in ihrer Rolle »als« Arbeitskraft gefragt, sie sind ein Produktions- und Kostenfaktor. Für diesen lähmenden Denkansatz sollen stellvertretend zwei Kronzeugen, René Descartes und F. W. Taylor, kurz zitiert werden. René Descartes, einer der einflußreichsten Begründer moderner Philosophie, postulierte: »Für mich ist der menschliche Körper eine Maschine. In Gedanken vergleiche ich einen kranken Menschen mit einer schlecht gemachten Uhr mit meiner Idee von einem gesunden Menschen und einer gut gemachten Uhr.«[1] Die Vorstellung vom willenlos perfekt funktionierenden Rädchen im von oben gesteuerten Getriebe führt direkt zu F. W. Taylor, dem »Übervater« der Fabrikorganisation, der die Gedanken von Descartes auf den praktischen Begriff brachte: »Technik muß man technisch machen.« Dieses technisch-rationale Denkmodell bringt die Mitarbeiterinnen und Mitarbeiter in die Rolle *fremdgesteuerter* Marionetten, Marionetten aber sind nicht hochproduktiv, weil ihnen Eigenmotivation und Identifikation als Leistungsmotoren fremd sind. Unsere Überlegungen stiften Sinn, wenn es gelingt, die angesprochenen Denkgrundlagen aus der ideologischen Ecke und Ebene der Soziologie-Seminare auf Antworten für die Fragen der Praxis herunterzubringen, also auch aufzuzeigen, daß ein moderneres Verständnis vom Menschen als *Produktivitäts*faktor nicht nur die bessere Ideologie, sondern auch gewinnbringender für Unternehmer bei heutigen (und künftigen) Bedingungen ist. Die These: der Strukturwandel, zunächst nur mit Stichworten wie »Bildungsgesellschaft«

[1] Zit. in: Capra, a. a. O.

oder »Wissensexplosion« zitiert, stellt neue Fragen und erfordert andere Antworten, als sie uns von den seitherigen Denkmodellen geliefert wurden.

Aus dem, den heutigen Realitäten angemessenen, neuen Rollenverständnis heraus, daß die Mitarbeiterinnen und Mitarbeiter *Produktivitäts*faktoren und Leistungskräfte hohen Ranges sind, werden wir praktische Schlußfolgerungen zu ziehen haben, sobald diese Denkgrundlagen erläutert sind.

10.2 Erfolgsbeteiligung: Ideologie oder Nützlichkeit?

In diesem Strukturwandel werden überkommene, früher »bewährte« Thesen wieder fragwürdig im wahrsten Sinne des Wortes, insbesondere, worauf beruht »Erfolg«, wer bewirkt ihn, und wem gehören deshalb seine Früchte? In der Diskussion wollen wir zwei Linien verfolgen, aber auch strikt auseinanderhalten: Was sagen die Werteverkünder/Ideologen, und was ist für unsere Unternehmen nützlich? Die grundlegende Frage hat Zander[2] formuliert: »Wofür erhalten wir eigentlich unser Geld im Angestelltenverhältnis? Werden wir für unsere Arbeit bezahlt oder für unsere Anwesenheit? Etwa für unsere Loyalität oder unserer Anstrengungen wegen?« Als erfahrener Praktiker sparte er auch seine Antwort nicht aus: »Was liegt also näher, als den Produktionserfolg zum Lohnmaßstab zu nehmen?«[3] Was als so selbstverständliche und rationale Antwort erscheint, muß jedoch mit einem (sehr kurzen) Blick auf die Ideen-/Ideologiegeschichte erläutert werden.

Die Frage ob und weshalb die Mitarbeiterinnen und Mitarbeiter am Erfolg des Unternehmens beteiligt werden sollen, hat im Laufe der Jahre sehr unterschiedliche Antworten gefunden.[4] Unter den Befürwortern finden sich zwei sehr verschiedene Gruppen. Die eine begründet und fordert eine Beteiligung (oder Ablehnung) aus bestimmten Werthaltungen heraus. Sozialpolitische Vorstellungen[5] oder gesellschaftspolitische Ideale (»Umverteilung«) prägen

---

[2] A. a. O., S. 11.

[3] A. a. O., S. 15.

[4] Eine gute Übersicht mit Untersuchungsergebnissen aus der Praxis bietet Hentze, Personalwirtschaft 2, a. a. O., S. 112 ff.

[5] »Soziale Gerechtigkeit«, vgl. Buscher, a. a. O.

ihre Gedankenwelt. Der wohl entscheidenste Auslöser dieser *Wertediskussion* in der Moderne war Max Weber, der die Grundfrage aufwarf,[6] indem er in Anschluß an Sombart die »beiden großen ›Leitmotive‹, zwischen denen sich die ökonomische Geschichte bewegt« hat, nannte: »Bedarfsdeckung« und »Erwerb«. »Je nachdem«, sagt er, »das Ausmaß des persönlichen Bedarfs oder das von den Schranken des letzteren unabhängige Streben nach Gewinn und die Möglichkeit der Gewinnerzielung für die Art und Richtung der wirtschaftlichen Tätigkeit maßgebend werden«, entscheidet eine (ethische) Vorstellung darüber (in der heutigen Sprache ausgedrückt), ob der wirtschaftliche Erfolg einer Unternehmung den »Bedürftigen« oder den nach »Gewinn Strebenden« zugute kommen soll. Max Weber definierte die klassische »Arbeit-Kapital-Diskussion« als Werte- oder Ideologiediskussion. Stellvertretend für die Vorstellungen von »sozialer Gerechtigkeit« dient uns ein Zitat aus einem Standardwerk zur katholischen Soziallehre[7], in dem es heißt: »Wir haben hier die vollständige Dreizahl, eigenes Interesse, unbeschränkte freie Konkurrenz, ausschließliche und automatische Anwendung des Gesetzes von Nachfrage und Angebot. Der Fehler liegt jedesmal in der Einseitigkeit ... Daß Nachfrage und Angebot die Preisbildung auf dem Gütermarkt wesentlich beeinflussen, wird keiner bezweifeln; aber daß dieses Gesetz auf den Menschen, auf Angebot und Nachfrage nach menschlicher Arbeitskraft nicht ohne weiteres angewandt werden darf, werden wir noch näher aufzeigen.« Und: »Naturgesetze sollten die Wirtschaft regeln; es kam nur darauf an, diese Gesetze zu entdecken. Man vergaß, daß die Wirtschaft das Ereignis freien menschlichen Handelns und somit in erster Linie der Sittenlehre unterworfen ist.«

Das ist selbstverständlich eine wichtige Diskussion, inwieweit die »Gesetze« des Marktes von einer übergeordneten »Sittenlehre« korrigiert werden müssen. Der Nachteil dieser Diskussion: es werden sich den daraus ergebenden Forderungen (wenn die Diskussionen je zu einem praktischen Ende kommen sollten) nur diejenigen Unternehmer anschließen, die entsprechende Wertvorstellungen teilen. Deshalb ist es besonders interessant, sich

---

[6] A. a. O., S. 48.
[7] Witte/Nell-Breuning, a. a. O., S. 102.

jenseits von Wertediskussionen der zweiten Gruppe zuzuwenden. Sie geht nicht von einem »ideologischen Überbau« aus, sondern sie gründet ihr Handeln auf *Nützlichkeitserwägungen*. Das macht dann für alle Unternehmen die Suche nach einem Erfolgsbeteiligungsmodell interessant.

Der oberste Leitsatz für die Einführung einer Erfolgsbeteiligung aus Nützlichkeitserwägungen bildet sich etwa aus den Untersuchungsergebnissen der Europäischen Kommission[8], die besagen, daß die Beteiligung der Arbeitnehmer an Gewinnen und anderen Unternehmensergebnissen die Produktivität begünstigt. Wie immer auch die Wirkungszusammenhänge dieses Phänomens begründet werden, fest steht, daß der »Faktor Mensch« neben dem »Faktor Kapital« in unserer Zeit ganz überdimensional an Einfluß auf die Produktivität gewonnen hat und in Zukunft noch mehr an Bedeutung gewinnen wird. Damit wird es für die Banken zwingend, nicht nur hoch*befähigte* Mitarbeiterinnen und Mitarbeiter zu haben, sondern auch hoch*engagierte* Mitarbeiterinnen und Mitarbeiter, die ihre Befähigungen in »ihrem« Unternehmen »austoben« wollen. Die Beteiligung am Erfolg ist ein ganz tiefgreifendes Element in diesem Motivations- und Identifikationsprozeß. Der Mensch als »Human-Ressource«, als zentraler Produktivitätsfaktor, diese Behauptung soll anhand einiger Fakten und Überlegungen, eben anhand von Erwägungen zur Nützlichkeit in der Praxis, nicht anhand von »Ideologien« nachgewiesen werden.

Das hier angedeutet *Identifikationsprinzip*, das dem Gedanken einer (auf eine ganze Leistungsperiode bezogenen) Erfolgsbeteiligung zugrunde liegt, unterscheidet sich ganz grundlegend von dem *Motivationsprinzip*, das Anreize für besondere Einzelleistungen im Tagesgeschäft auslobt. Bei dem Motivationsprinzip (Leistungslohn, Provisionen . . .) geht es darum, sich Belohnungen dafür zu erarbeiten, daß man mit besonderem Einsatz Erfolge für einen »anderen« (den Arbeitgeber) erwirtschaftet. Das Prinzip der Identifikation geht dagegen von einer ganz anderen Fragestellung aus. Mitarbeiterinnen und Mitarbeiter »arbeiten zunächst einmal nicht für den Betrieb«[9], sie arbeiten als »radikale Marktwirtschaft-

---

[8] »Pepper II.«, siehe BddW. 21. 1. 1997.
[9] Herd/Bärtele, a. a. O., S. 13.

ler«[10] zuvörderst für ihren eigenen und nicht für einen fremden (Unternehmer-)Nutzen. Und die Fragestellung ist, ob dieser Antagonismus unüberbrückbar ist oder ob (auch mit der Hilfe geeigneter personalwirtschaftlicher Instrumente) die Arbeit »im« Betrieb zur Arbeit für »meinen« Betrieb werden, ob der Fremdnutzen auch zur Befriedigung von Eigennutz werden kann. Auf der Suche nach einer Antwort geht das Identifikationsprinzip von zwei gesicherten Thesen aus.

- Menschen engagieren sich ganz besonders für eine Aufgabe, wenn sie diese als »ihre« eigene Angelegenheit empfinden.
- Menschen engagieren sich ganz besonders, wenn sie nicht für einen (fremden) Auftraggeber, sondern für »sich«, für »ihr eigenes« Unternehmen arbeiten, sich für den eigenen Erfolg verantwortlich fühlen.

Identifikation bedeutet also nicht nur einen besonderen »gefühlsmäßigen Einbezug« (Duden), sondern auch ein geändertes Rollen- und Selbstverständnis der Mitarbeiterinnen und Mitarbeiter. »Identifikation ... meint, daß Menschen mit den betrieblichen Zielen übereinstimmen und im Sinne der Führungskräfte handeln«.[11] Eine Erfolgsbeteiligung als personalwirtschaftliches Instrument zielt also auf nicht weniger ab, als der These vom »Mitarbeiter als Unternehmer« durch ein Denken und Belohntwerden »wie« ein Unternehmer Rechnung zu tragen. Es geht um den *gemeinsamen* Willen zum Erfolg: »Nur wenn die Arbeitnehmer *wollen*, daß es dem Unternehmen gut geht, wird es ihnen auf Dauer gut gehen«.[12] Wenn diese Gedanken auf den ersten Blick auch ungewohnt sind, sie sind überhaupt nicht neu. Wir kennen doch den Unterschied zwischen »Eigentümer-Unternehmer« und »angestellten Unternehmern«. Bei letzteren ist es sehr geläufig, daß sie (zu einem spürbaren Teil) »wie« ein Eigentümer-Unternehmer bezahlt werden, nämlich abhängig vom Erfolg, der in einer Leistungsperiode erzielt wurde. Dann ist es nur konsequent, alle Angestellten, die wie ein Unternehmer denken und handeln sollen, auch wie Unternehmer zu entlohnen.

[10] Siemon, a. a. O., S. 16.
[11] Kruppa, a. a. O., S. 57.
[12] Herd/Bärtele, a. a. O., S. 13.

Das führt – bevor wir uns ganz konkret die Regelungen in der Praxis ansehen – zu der Frage, ob die Mitarbeiterinnen und Mitarbeiter (jenseits der Festtagsreden) tatsächlich »Unternehmer«, also marktentscheidende Produktivitätsfaktoren sind, nur dann macht die »unternehmerische« Erfolgsbeteiligung Sinn. Wir betrachten also in einer gedrängten Übersicht den Wandel vom Personal als Produktions- und Kostenfaktor zum Produktivitätsfaktor.

10.3 Menschen als Produktivitätsfaktoren

Einen ersten, ganz an der Praxis orientierten Zugang zu dem Problem eröffnen wir uns mit dem Faktum, daß 60–70 Prozent der Kosten einer Bank (ebenso in anderen Dienstleistungsunternehmen) Personalkosten sind. Mit dem kurzschlüssigen Aufruf: »Wir müssen die Personalkosten radikal senken!« lassen sich natürlich sofort die *Stammtische* beherrschen. Wer jedoch künftig den *Standort* beherrschen will, muß die Konsequenzen aus zwei Tatsachen ziehen.

a) »Personalkosten haben . . . (besonders in Sparkassen, bedingt durch deren öffentlich-rechtliche Tarifstruktur und traditionell mächtige Personalräte) nahezu Fixkostencharakter und sind bestenfalls mittel- und langfristig zu beeinflussen. Tarifabschlüsse sowie Höhergruppierungen und die bei Sparkassen immer noch üblichen Dienstalterzulagen (auch ›Verkalkungsprämie‹ genannt) sorgen für einen kontinuierlichen Aufstieg.«[13] Das ist eine wichtige und ernst zu nehmende Realität, die jedoch nicht den tiefsten Kern des Problems trifft. Selbst wenn es gelingen sollte, die geschilderte »Lähmschicht« zu durchbrechen, die Personalkosten um radikale 15–18 Prozent zu senken, unsere Kreditinstitute wären immer noch meilenweit von den Strukturen eines »Niedriglohnlandes« entfernt. Es geht also nicht darum, von einem Niedriglohnland zu träumen, sondern darum, die Frage zu beantworten, wie wir die Chancen eines Hochlohnlandes in Gewinne umsetzen können.

b) Von daher stellt sich die ganz andere Frage (die das Problem der notwendigen Kostensenkung keineswegs ausschließt – auch ein

---

[13] Herd/Bärtele, a. a. O., S. 16.

Hochlohnland kann sich keine »Speckschicht« leisten), die auch die Chancen einer Erfolgsbeteiligung kennzeichnet, wie aus diesen beherrschenden Kosten auch *rentierliche*, die Produktivität steigernde Kosten werden. Wie können wir bewirken, daß die anfallenden Kosten mehr *Ertrag* bringen als vergleichbare Kosten in einem Niedriglohnland? Oder auch, wie kommen wir am Ende des *Mengenwachstums*, bei dem jeder Bauernhof in der Tiefe des Schwarzwaldes mit einer Bankfiliale in erreichbarer Nähe versorgt ist, zu einem *Qualitätswachstum*, das diese Filialen auf Dauer auch rentierlich macht? Das ist das eigentliche Problem, das eine zeitgemäße Personalwirtschaft (auch mit der Hilfe ihrer Instrumente) lösen muß, die »Servicefähigkeit und Servicebereitschaft«[14] in der »Servicewüste« Deutschland zu einem der Gewinnfaktoren zu machen. Dem Kunden Dienste zu leisten, für die er zu zahlen bereit ist, weil sie kein Automat leisten kann; ernst zu machen mit der Strategie der »Dienstleistungsgesellschaft«. Und die zweite Frage ist, ob der in Personalkosten dargestellte Produktionsfaktor Mensch nicht mehr zum Unternehmenserfolg beiträgt (zumindest beitragen kann) als der »Faktor Kapital«. Sehr nüchterne Zahlen, Ergebnisse aus Untersuchungen und Analysen, zeigen, daß heute schon und künftig erst recht befähigte und zugleich engagierte Mitarbeiterinnen und Mitarbeiter die marktentscheidende Erfolgsressource Nr. 1 sind. Ein Anteilseigner kann sich an einer Bank A oder Bank B beteiligen. Ein Aktionär kann sein Kapital bei einem Unternehmen des Maschinenbaus A oder B investieren. Das ist sein Beitrag: die Unternehmen brauchen Kapital als »Unterfutter«, als Voraussetzung, um am Markt teilnehmen zu können. Das ist aber nicht mehr Erfolgsgarant. Es kommt immer mehr für den Erfolg darauf an, daß die Mitarbeiterinnen und Mitarbeiter »etwas aus dem Geld machen«. Neben dieser im Einzelbeispiel angesprochenen Praxis gilt die generelle These: »Zunehmend setzt sich die Auffassung durch, daß langfristig Erfolg und Wachstum eines Unternehmens mehr von der Qualität seiner Mitarbeiter als von irgendeinem ›Faktor‹ sonst abhängen. Der Mitarbeiter wird immer weniger nur als Kostenfaktor angesehen, der möglichst weitgehend durch Maschinen zu ersetzen ist, sondern mehr und mehr als wichtigster ›produktiver Faktor‹, des-

---

[14] Herd/Bärtele, a. a. O., S. 21.

sen Leistungsbereitschaft und Leistungsfähigkeit es zu gewinnen, zu erhalten und zu steigern gilt. Dies gilt auch für nicht-leitend tätige Mitarbeiter und für Spezialisten in besonderem Maße.«[15] Einige Beispiele aus der Praxis sollen diese generelle These erläutern.

Beispiel 1: Eine Bank legt einen neuen Fonds auf. Ein Maschinenbauunternehmen entwickelt die »nächste Generation«. Wie auch immer, bei der großen Zahl von (zumindest für den Verbraucher) gleichartigen und gleichwertigen Produkten auf dem Markt, erst recht angesichts ständig komplizierter und komplexer werdenden High-Tech-Produkten, werden sie allesamt für den Kunden zu erklärungsbedürftigen Produkten. Nur der Mensch ist ein »Kommunikator«, der außer der »Technik« auch deren Nutzen aufzeigen und vermitteln kann. Das hat zur Folge, daß die (auch technisch zu leistende) Information über das Vorhandensein eines neuen Produktes – im Gegensatz zu den früheren Wachstumsmärkten – den Erfolg in den Käufermärkten nicht mehr garantiert. Erklärungsbedürftigkeit bedeutet unabdingbar Kommunikation, die kann aber weder die »Technik« noch das »Kapital« leisten, nur die Ressource Mensch ist dazu (von der Technik unterstützt) befähigt. Damit diese Thesen nicht als von der Praxis abgehoben empfunden werden, gleichzeitig als Hinweis auf das Problem, an dem wir arbeiten müssen, sei ein Ergebnis aus einer Feldanalyse zitiert. Eine Kundin wurde befragt, was sie denn von den neuen »Automaten« halte. »Na ja, die sind nicht so deppert wie die Schalterbeamten.«

Beispiel 2: Die seitherigen, von der Technik geprägten Produktmärkte machten es notwendig und sinnvoll, einen Gabelstapler als Transportgerät zu verkaufen. Als ein Gerät, das eine bestimmte Last unter definierten Randbedingungen von einem Punkt A nach einem Punkt B befördern kann. Für eine Bank war ein Bundesschatzbrief ein Produkt, mit dessen Hilfe angelegtes Geld eine gewisse, sichere Rendite ohne Risiko zu erwirtschaften vermochte. Die Zeiten derartiger Produktorientierung (und darauf ausgerichteter Verkaufs- und Verkaufstrainings) sind vorbei. In Zusammenhängen, also in komplexen Problemlösungen, kann

---

[15] Hentze, Personalwirtschaft 1, a. a. O., S. 26.

nur der Mensch denken. Das Industrieunternehmen benötigt Gabelstapler nicht mehr, um Lasten von A nach B zu befördern; es sucht nach einem Beitrag zur optimalen Gestaltung seines Logistiksystems. Erst von dieser Lösung eines Gesamtproblems gewinnt die Frage nach einem konkreten Produkt, als sich eine in das Gesamtproblem einordnende Teillösung, ihren Sinn. Der Bankkunde sucht nicht nur eine Geldanlage, sondern einen Rat zur möglichst günstigen Gestaltung seiner Gesamtvermögenssituation. Im Rahmen dieser Gesamtsicht mag dann auch der Erwerb von Bundesschatzbriefen sinnvoll sein. Auch da tritt die »Human-Ressource Mensch« wieder als wichtigster Produktivitätsverursacher in den Mittelpunkt. Eine Problemlösung, die dem Bedarf und den Bedürfnissen des Kunden weitgehend Rechnung trägt, kann nicht die »Technik«, schon gar nicht das »Kapital« erarbeiten. »Ganzheitlich-vernetzt«, »systemisch« (wie das dann im – nicht nur modischen – Sprachgebrauch heißt) kann nur der Mensch denken und aus dieser Übersicht heraus die nützlichsten Ansätze zur Lösung der Kundenprobleme entwickeln. Wie können personalwirtschaftliche Instrumente dazu beitragen, daß die Mitarbeiterinnen und Mitarbeiter nicht mehr als Kostenfaktor, sondern »Markt- und Kundenorientierung der Mitarbeiter die entscheidenden Faktoren zukünftigen Unternehmenserfolges werden?«,[16] weil sie zu entscheidenden *Produktivitäts*faktoren geworden sind? Muß man dann nicht den zentralen Erfolgsfaktor »Problemlöser« auch am Erfolg beteiligen?

Beispiel 3: Weil es uns auf »Nützlichkeit« mehr als auf »Werthaltung/Ideologie« ankommt, greifen wir zur Untermauerung der These vom Menschen als Produktivitätsfaktor Nr. 1 nochmals auf ein paar Fakten zurück. Wenn ein mittelständisches Unternehmen einen komplizierten Auftrag in Fernost zu finanzieren hat, wenn es wegen eines ungewöhnlichen Wachstumsschubes oder einer hereinbrechenden Rezession in eine schwierige finanzielle Situation gerät, benötigt es fachkompetente Berater. Nur erstklassige Fachleute aus den Abteilungen »Außenhandel« bzw. »Firmenkunden«, unterstützt von hochkarätigen Experten aus den Stabsabteilungen, können die benötigte Hilfe bieten. Was das beim heutigen Stand der Entwicklung bedeuten will, wird deutlich, wenn wir den

[16] Herd/Bärtele, a. a. O., S. 19.

krassen Abstand zur Situation in einer weit zurückliegenden Zeit herstellen. In der Frühzeit der »Banken« machte derjenige das »Geschäft«, der das Geld besaß, das er verleihen konnte. Heute macht derjenige das »Geschäft«, der die besseren Experten hat. Liegen unsere Denkwelten über die Rolle der Mitarbeiterinnen und Mitarbeiter noch in jenen fernen Welten, in denen die Mitarbeiterinnen und Mitarbeiter lediglich als Abwickler der Geschäfte des Geldbesitzers gefragt waren?

Wenn wir diese Fakten zusammenbringen (weitere müßten zur umfassenden Bewertung der komplexen Situation hinzukommen), wird der Blick für eine zentrale These offen: »Über den Erfolg entscheiden nicht (alleine) die Kosten, sondern die Produktivität.«

10.4 Menschen bewirken Innovation

In der andauernden Diskussion um den Standort Deutschland spielt die Frage nach der Innovationskraft eine herausragende Rolle, und mit ihr die Verstärkung unserer These vom Menschen als wichtigem Erfolgsfaktor. Erfolg durch Innovation schafft der Mensch. Das gilt zunächst für das »klassische« Feld von Innovation, für die »Erfindung«, die Entwicklung und Weiterentwicklung von Produkten, an das wir bei dem Begriff »Innovation« zuerst zu denken gewohnt sind. Gerade für Banken gilt, daß wir den Erfolgsfaktor Innovation nicht auf den einen Blick der Produktinnovation verengen dürfen. Wir sehen, daß jede Mitarbeiterin und jeder Mitarbeiter innovativ sein kann und muß, wenn das Unternehmen im Wettbewerb »die Nase vorne haben« will. Die Entwicklung läßt sich an den Bemühungen und den Instrumenten zur Prozeßinnovation verdeutlichen. Daß wir unsere Banken »verschlanken« müssen, indem wir die internen Prozesse anders, schneller, besser und kostengünstiger gestalten, ist eine der Kernstrategien in der anhaltenden Reorganisationsdebatte. Im Hinblick auf unser Thema ist dabei eine hochinteressante Entwicklung festzustellen, die an zwei Beispielen aufgezeigt werden kann. Zum einen haben wir eine Verlagerung des Schwerpunktes vom »Betrieblichen Vorschlagswesen (BVW)« zum »Kontinuierlichen Verbesserungsprozeß (KVP)«, zum anderen die zunehmende Ergänzung von (internen und externen) »QS-Teams« ebenfalls zum KVP.[17] Beiden Entwicklungen liegen zwei Kerngedanken zugrunde. Insbesondere bei der Schwerpunktverlagerung vom BVW zum KVP geht es darum, daß wir nicht nur (möglichst viele) einzelne »Tüftler« und Erfinder brauchen, die punktuell »neben« ihrer eigentlichen Arbeit sich auch noch Verbesserungen ausdenken. KVP will *alle* Mitarbeiterinnen und Mitarbeiter dafür gewinnen, *systematisch* alle Prozesse auf Möglichkeiten zur Verbesserung hin zu untersuchen, und das als Bestandteil der »normalen« Arbeit. Bei dem zweiten zuvor genannten Thema verdichtete sich die erste Entwicklungsstufe der von der Strategie eines »Qualitätsmanagementes« ausgehenden Prozesse in vielen Unternehmen in »QS-Teams«. Unter von Betrieb zu Betrieb wechselnden Bezeichnungen waren das spezielle »Eingreiftruppen«, die sich darum kümmerten, daß *andere* bei ihrer Arbeit den Qualitätsgedanken in die Praxis umsetzten. Jetzt, in einer zweiten Entwicklungsphase, ist weithin, insbesondere unter dem Einfluß der KVP-Philosophie, ein Umdenken erfolgt. Jeder ist für Qualität verantwortlich, jeder trägt zum entsprechenden Erfolg bei, jeder denkt selbst darüber nach und macht entsprechende Vorschläge (wir lassen hier bewußt außer acht, daß »Großstrukturen« zu verändern auch weiterhin von »externen« Verbesserungsteams geleistet werden muß). Hier stellt sich wieder die Forderung ein, wenn der Erfolg eines Unternehmens durch Prozeßverbesserungen in spürbarem Ausmaß von der Innovationskraft aller Mitarbeiterinnen und Mitarbeiter abhängt, wenn er nicht mehr nur aus im getreulichen Befolgen »von oben« angeordneter, in peniblen Richtlinien gefaßter Veränderungen erwächst, müssen auch alle diesen Erfolg als ihren eigenen erfahren und von ihm profitieren: Wir brauchen ein Instrument der jährlichen Erfolgsbeteiligung.

Wir haben bisher den Wandel der Rolle von »Kapital« und »Arbeit« und ihren Beitrag zum Erfolg eines Unternehmens herausgearbeitet. Dabei ist nicht nur klar geworden, daß die Befähigungen der Mitarbeiterinnen und Mitarbeiter immer mehr zum entscheidenden Faktor werden. Im Gegensatz zur Maschine, die man zur vollen Entfaltung ihrer Leistung (zum Beispiel durch das Weiterdrehen eines Schalters) zwingen kann, muß die Ressource

---

[17] Zu Begriff und Methoden generell: Imai, a. a. O.; zu speziellen Projekten in einem Kreditinstitut: Mölder, a. a. O., S. 74 ff.

Mensch das *wollen*. Die Identifikation, der Erfolg des Unternehmens ist »mein« Erfolg, ist der »Leistungsschalter« für den Menschen, deshalb brauchen wir das Instrument der (materiellen und immateriellen) Beteiligung aller Mitarbeiterinnen und Mitarbeiter am Erfolg. »Wie kann die Struktur eines solchen Instrumentes aussehen?« ist die Frage, die jetzt beantwortet werden soll.

10.5 Was kennzeichnet und bewirkt »Erfolg«?

Zum Verständnis eines zeitgemäßen Modells der Erfolgsbeteiligung, wie es nachfolgend in seinen wesentlichen Teilen dargestellt wird, ist zunächst zu klären, welchen Anforderungen es genügen muß, damit es als »zeitgemäß« gelten kann. Ein Modell der Erfolgsbeteiligung

– definiert, was das Unternehmen als »Erfolg« versteht,
– ist kundenorientiert,
– ist teamorientiert.

Ein Modell der Erfolgsbeteiligung muß zunächst klar definieren, was die Bank unter »Erfolg« versteht. Schon unter betriebswirtschaftlichen Gesichtspunkten sind dabei sehr unterschiedliche Antworten, je nachdem, in welcher Situation das Unternehmen steht, möglich. Unsere Betriebswirtschaft ist ja keineswegs eine »einsprachige« und variantenlose Lehre mit einhellig befürworteten »10 Geboten«. Also gibt es auch nicht »das« Modell, das allen Banken unterschiedslos übergestülpt werden kann. Jedes Unternehmen muß sich entsprechend seiner Situation ein flexibles Modell schaffen, das den individuellen Gegebenheiten Rechnung trägt. Darüber hinaus darf kein »zementiertes«, für alle denkbaren unterschiedlichen Situationen gleichermaßen geltendes Instrument geschaffen werden. Wenn schon aus betriebswirtschaftlicher Sicht das, was als »Erfolg« in der nächsten Leistungsperiode zu gelten hat, ganz erheblichen Bandbreiten unterworfen ist, muß ein Instrument der Erfolgsbeteiligung so flexibel sein, daß es den jeweiligen Standort in der Bandbreite von Leistungsperiode zu Leistungsperiode wechselnd fixieren kann. Schließlich, wie immer auch die Bestimmung von »Erfolg« aus betriebswirtschaftlicher Sicht unternehmensspezifisch ausfallen mag, sie unterliegt der (notwendigen und sinnvollen) Beschränkung, daß es sich um eine Zielsetzung handelt, die sich auf eine Leistungsperiode bezieht. Wenn ein Modell der Erfolgsbeteiligung nicht nur als Belohnungs-, sondern auch als Steuerungssystem nicht den ohnehin vorhandenen Trend zur kurzfristigen (kurzsichtigen?) »Denke« verstärken soll, muß es auch langfristig wirkende Faktoren für den Erfolg des Unternehmens erfassen. Das soll vertieft und verdeutlicht werden.

Schon die vorangegangenen Überlegungen zur betriebswirtschaftlichen Definition haben einige Fragen aufgeworfen, auf die wir Antworten mit dem vorzustellenden Modell von Erfolgsbeteiligung geben wollen.

– Wie kann man den Erfolg definieren?
– Wie kann man den Erfolg messen?
– Welche Notwendigkeiten ergeben sich aus dem Unterschied zwischen periodenbezogenen und langfristig wirkenden Erfolgsfaktoren?
– Welches sind solche Faktoren, die langfristig den Erfolg auf Dauer bewirken?
– Welche dieser Erfolgsfaktoren haben welches Gewicht bei der Wertschöpfung?

Bei aller Unterschiedlichkeit im Detail, bei den Antworten auf diese Fragen herrscht weitgehend Einigkeit zu den folgenden generalisierenden Thesen, die für die Gestaltung eines Modells der Erfolgsbeteiligung dennoch hinreichend konkret sind.

- Der Erfolg einer Bank kann nicht nur mit dem erzielten betriebswirtschaftlichen »Ertrag« innerhalb einer Periode gleichgesetzt werden. Die »Marktfähigkeit« auf längere Sicht ist ein mindestens gleichwertiges Merkmal.
- Den Erfolg darf man nicht (nur) mit jenen Faktoren gleichsetzen, die – mit den derzeit vorhandenen Instrumenten – meßbar sind. Wenn hinreichende Gründe für die Annahme sprechen, daß derzeit noch nicht meßbare Faktoren für den Erfolg maßgeblich sind, ist das eine Aufforderung an das Management, Instrumente zur Meßbarkeit/Kalkulierbarkeit dieser »Softfaktoren« zu entwickeln.
- Der »Gewinn« aus einem aktuellen Geschäft ist kein alleiniges

Indiz für den »Erfolg« dieses Geschäfts. Nicht der Erst- oder Einmalkunde, sondern der Dauerkunde ist erfolgsentscheidend. Den »Erfolg« definiert die Zufriedenheit der Kunden.

Neben den betriebswirtschaftlichen Gesichtspunkten muß deshalb die Zufriedenheit der Kunden als Element in die Definition von »Erfolg« eingehen. Die mit herkömmlichen Instrumenten der Betriebswirtschaft nicht (noch nicht mit der wünschenswerten Genauigkeit) abzubildende Zufriedenheit eines Kunden mit einem Erstgeschäft ist die Basis des Erfolges aus einem Dauergeschäft mit Stammkunden. Die propagierte Kundenorientierung muß also bei einem Modell der Erfolgsbeteiligung beachtet und »handfest« belohnt werden.

Für unsere Banken gilt, daß der Erfolg auf Dauer aus drei wesentlichen Erfolgsfeldern erwächst.

- Qualität der Produkte/Dienstleistungen, der »Hardware«,
- Qualität der Leistungen »rund um das Produkt«,
- Qualität des sozialen Umgangs, der Beziehungen zwischen Dienstleister und Kunde.

Aus diesem Gesamt, bei dem die Mitarbeiterinnen und Mitarbeiter mit ihren Qualifikationen ein »Teil des Produktes« werden, entwickelt sich die Kundenzufriedenheit, die ihrerseits Kundenbindung und -loyalität bewirkt. Damit haben wir ein sehr zentrales Element für ein zeitgemäßes Instrument der Erfolgsbeteiligung herausgearbeitet. Zur Ergänzung, Korrektur und als Gegengewicht zur einseitig in betriebswirtschaftlichen Zahlen und dadurch kurzfristiger, also periodenbezogener Definition von Erfolg muß unser Modell auch die Kundenzufriedenheit als Langfristfaktor abbilden und belohnen.

Der dritte Faktor für die Gestaltung eines zeitgemäßen Modells der Erfolgsbeteiligung wurde bereits erwähnt. Das Spannungsverhältnis zwischen der einem Individuum zurechenbaren Leistung und einer Teamleistung muß zufriedenstellend gelöst werden. Erfolgsbeteiligung muß die Teamleistung widerspiegeln. Ein kleines Beispiel für das Problem, um das es hier geht. In einer Besprechung zu einem Kundenproblem entwickelt der Mitarbeiter A einen Lösungsansatz. Anhand dieses Vorschlages bringt die Mitarbeiterin B eine »Idee neu« zum Vorschlag, die sich als zutreffende Problemlösung erweist. Ist nun die »Idee neu« der Mitarbeiterin B, die sie vorgebracht hat, oder dem Mitarbeiter A, der mit seinem ursprünglichen Lösungsansatz die »Idee neu« auslöste, zuzurechnen? Noch können wir nur mit hohem Aufwand allenfalls »im Labor« eine Annäherung auf die entsprechenden Fragen finden, dennoch muß unser Modell angesichts der Realitäten (und entsprechender Erwartungen der Mitarbeiterinnen und Mitarbeiter) bereits praktikable Antworten bieten, damit das weitere Gedeihen von Teamarbeit nicht durch ein kontraproduktives, nur die Individualleistung belohnendes Erfolgsbeteiligungsmodell konterkariert wird. Wie sieht ein Modell aus, das in den notwendigen unternehmensspezifischen Varianten den geschilderten Anforderungen gerecht wird?

10.6 Das Modell einer Erfolgsbeteiligung

Das hier vorgestellte, in der Praxis entwickelte Instrument unterscheidet zwei Fragenbereiche. Zunächst geht es darum, unter welchen Bedingungen, anhand welcher Erfolgskriterien und in welchem Umfang ein »Topf« beschickt und gefüllt wird. Die sich daran anschließende Frage ist die, nach welchen Kriterien der gefüllte Topf an die Mitarbeiterinnen und Mitarbeiter verteilt wird. Das soll jetzt näher dargestellt werden.

Zu Beginn eines Geschäftsjahres, also einer Leistungsperiode, legt das oberste Management fest, unter welchen Bedingungen am Ende der Leistungsperiode überhaupt ein Topf gebildet und zur Verteilung kommen soll. Das oberste Management entscheidet über die Bildung eines Topfes. Ein einfaches Beispiel zur Erläuterung. Zu Beginn des Jahres/einer Leistungsperiode legt der Vorstand/die Geschäftsleitung fest, daß am Ende der Leistungsperiode eine Beteiligung am erzielten Ertrag stattfindet (also ob überhaupt ein »Topf« gebildet wird), wenn ein »Ertrag« (ganz konkret und berechenbar) von mindestens $\times$ DM erreicht wird. Das »Ob« einer Erfolgsbeteiligung wird an eine meßbare Zielvorgabe angebunden. Hier ist die jährlich neue, sich flexibel an die jeweilige Situation anpassende Zielgebung des obersten Managementes gefragt. Wie definieren und messen wir, was wir am Ende der Leistungsperiode als Erfolg unserer Bank ansehen?

Die heute bereits vorhandenen kaufmännischen Instrumente ermöglichen den Unternehmen eine Konkretisierung des Leistungsprinzips, das in der »Ob-überhaupt-Vorgabe« des obersten Managementes zum Ausdruck kommt. Sie können das »Ob« und den Umfang der Beschickung des »Topfes« nicht nur von dem »Erfolg« des *Gesamt*unternehmens, sondern vom »Erfolg« der einzelnen »Profitcenter« (2. Führungsebene) abhängig machen und an ihn anbinden. Nur überdurchschnittliche »Profitcenter« profitieren vom Erfolg. Die Instrumente des Controlling erlauben eine recht exakte Zurechnung von Erfolgen des Gesamtunternehmens zu einzelnen Unternehmens- oder Produktbereichen, die wir der Einfachheit halber nachfolgend als »Profitcenter« bezeichnen werden. Für das Instrument der Erfolgsbeteiligung eröffnet das die Möglichkeit der Differenzierung nach Leistungsträgern. Wenn generell anhand der übergeordneten Zielvorgaben für das Gesamtunternehmen festliegt, daß ein »Topf« für eine Erfolgsbeteiligung gebildet werden kann, ist anhand konkreter Zahlen zu entscheiden, für welche Profitcenter diese Entscheidung gelten soll. So lautet beispielsweise die Entscheidung der obersten Leitungsebene: »Wir bilden einen ›Topf‹, wenn das Gesamtunternehmen einen Ertrag gemäß Deckungsbeitragsrechnung von mindestens y DM erzielt hat.« Jetzt steht dann die Entscheidung an, »wir bilden aber nur einen Topf für diejenigen Profitcenter, die mindestens mehr als 5 Prozent über dem Durchschnitt aller Profitcenter zum Gesamtergebnis beigetragen haben«. Ein zeitgemäßes Modell der Erfolgsbeteiligung unterscheidet also nach hochprofitablen und weniger profitablen Geschäftsbereichen/Profitcentern. Der Gesamterfolg eines Unternehmens entscheidet, ob eine Erfolgsbeteiligung stattfindet, die Zurechnung des Erfolges zu Profitcentern entscheidet, in welcher Höhe welchen Unternehmensteilen der »Topf« zugute kommt.

Die ersten beiden Überlegungen und Schritte zur Gestaltung eines Instrumentes der Erfolgsbeteiligung, wie sie zuvor dargestellt wurden, haben sich mit den (periodenbezogenen) betriebswirtschaftlichen Gesichtspunkten befaßt. In diese traditionelle Konzeption ist jetzt der früher geforderte Erfolgsfaktor der »Kundenzufriedenheit« einzubringen. Die Kunden entscheiden über die endgültige Höhe der Erfolgsbeteiligung. Erinnern wir uns kurz: die betriebswirtschaftlichen Zahlen offenbaren den kurzfristigen Erfolg einer Leistungsperiode. Die Kundenzufriedenheit dagegen entscheidet darüber, ob ein Kunde beim »nächsten Bedarf« nochmals nachfragt, also »Stammkunde« wird. Wie wird dieser Zusammenhang in ein zeitgemäßes Instrument der Erfolgsbeteiligung eingebunden? Wenn festliegt, ob und für welche Profitcenter ein »Topf« gebildet wird, entscheidet ein Faktor »Kundenzufriedenheit« darüber, welcher Prozentsatz des »Topfes« tatsächlich zur Ausschüttung kommt. So wird beispielsweise – in Abhängigkeit von entsprechenden Marktanalysen – das Verhältnis von ermittelter Kundenzufriedenheit und zur Verfügung stehendem Ausschüttungsvolumen folgendermaßen festgelegt.

Kundenzufriedenheit	Ausschüttungsvolumen
83–85 %	100 %
80–82 %	90 %
> 85 %	120 %

Das bedeutet:

- wenn 83–85 Prozent der Kunden zufrieden oder sehr zufrieden mit den Leistungen der Bank sind, schüttet sie 100 Prozent des unter betriebswirtschaftlichen Gesichtspunkten gebildeten »Topfes« aus;
- sagen uns die Zahlen, daß nur 80–82 Prozent der Kunden zufrieden oder sehr zufrieden sind, will die Bank nur 90 Prozent des »betriebswirtschaftlichen« Topfes verteilen;
- übersteigt die Kundenzufriedenheit die vorgegebene Zielmarke von 83–85 Prozent, werden 120 Prozent des »betriebswirtschaftlichen« Topfes ausgeschüttet.

Die bisher dargestellten Teile des Modells einer Erfolgsbeteiligung zeigen das Zusammenspiel von periodenbezogenen und langfristig wirkenden Erfolgsfaktoren. Das oberste Management legt fest, ob ein »Topf« gebildet wird, die Leistungsergebnisse der Profitcenter bestimmen, wer daran partizipieren wird, und die Kunden bestimmen die endgültige Höhe des Topfes. Nun muß noch die dritte Anforderung eingelöst werden. Neben dem betriebswirtschaftlich definierten »Erfolg« und dem Ausmaß der Kundenzufriedenheit soll ein zeitgemäßes Instrument der Erfolgsbeteiligung auch die Teamleistung abbilden und honorieren. Während die ersten beiden genannten Gesichtspunkte vor allem bei der Frage nach der *Bildung* eines »Topfes« erörtert wurden, spielt der Teamgedanke bei der Frage nach der *Verteilung* des »Topfes« eine wesentliche Rolle. Die Teamleistung findet in unserem Instrument einen doppelten Niederschlag. Wir werden sie zunächst unter dem (negativ besetzten) Begriff des »Gießkannenprinzips« diskutieren und dann Lösungen für die Praxis aufzeigen.

Auch die engagiertesten Anhänger des (auf ein Individuum bezogenen) Leistungsprinzips stehen vor der Notwendigkeit, unter heutigen (erst recht unter künftigen) Bedingungen »Leistung« neu definieren zu müssen. Individuelle Leistung wird ohne unterstützende Leistung von Teams immer weniger möglich. Der Firmenkundenberater einer Bank steht in einem »Sanierungsfall« auf verlorenem Posten, wenn der »Innendienst« seine Gespräche und Verhandlungen nicht mit exzellenten Gutachten etwa zu Steuerfragen oder der voraussichtlichen Entwicklung der Branche unterfüttert. Kurzum, es geht um einen Wechsel des Begriffes »Leistung« von einer einem Individuum zurechenbaren und einer Teamleistung. Ein früheres Beispiel hat uns gezeigt, daß die beiden Leistungsformen einerseits zumindest mit heutigen Mitteln nicht voneinander trennbar sind. Andererseits ist es völlig unbestritten, daß zunehmend nur eine Teamleistung in den Unternehmen ein Erfolgsgarant ist. Daraus resultiert, daß das hier vorgestellte Konzept der Erfolgsbeteiligung teilweise dem Prinzip folgt, das einseitige Anhänger des individuellen Leistungsprinzips als »Gießkannenprinzip« bezeichnen. Was heißt das für die Praxis?

Die Teamleistung, in diesem Falle wäre es sinnvoller, von der Leistung aus der Zusammenarbeit und dem Zusammenwirken zwischen verschiedenen »Abteilungen« zu sprechen, kommt zunächst in einem Verteilungsschlüssel des beschriebenen »Topfes« zum Ausdruck.

$2/3$ des »Topfes« an die Profitcenter
$1/3$ des »Topfes« an die unterstützenden Costcenter

Das ist ein einschneidender Punkt. Schon die Sprache verrät traditionelles Denken: die einen erarbeiten den Profit, die anderen verursachen die Kosten. Aber schon die oben genannten einfachen Beispiele zeigen, daß wir uns von den hergebrachten Denkmodellen lösen müssen. Der »Außendienst« als kundennahes »Profitcenter« kann ohne den »Innendienst« als »Costcenter« nicht zur vollen Leistungsentfaltung kommen. Nun können die herkömmlichen betriebswirtschaftlichen Instrumente zwar (oft) den Leistungsbeitrag der einzelnen »Profitcenter« zum Gesamterfolg des Unternehmens hinreichend genau abbilden und belegen. Über den Beitrag der »Costcenter« besteht jedoch weithin große »Sprachlosigkeit«. Das ist (leider) Faktum. Das andere, auch wenn der Beitrag der »Costcenter« zum Erfolg (noch) nicht meßbar ist, er besteht und muß deshalb in einem personalwirtschaftlichen Instrument der Erfolgsbeteiligung abgebildet werden. Die Profitcenter geben ihren Erfolg und darauf beruhende Prämien an die sie unterstützenden Costcenter weiter. Solange uns keine besseren Instrumente zur Verfügung stehen, greifen wir daher auf das Verfahren der »Pauschalierung« zurück. Es ist immer noch besser, als den Beitrag der unterstützenden Teams, nur weil man sie nicht messen kann, überhaupt nicht zu berücksichtigen. Daher unser praxisorientierter Vorschlag, daß die »Profitcenter« – vor der Verteilung gemäß individueller Leistung – zunächst einmal $1/3$ des von ihnen erwirtschafteten »Topfes« an die hinter ihnen stehenden »Costcenter« abgeben (müssen).

Jetzt müssen wir die Frage entscheiden, wie die jetzt bei »Profitcentern« und »Costcentern« gebildeten »Teiltöpfe« endgültig auf die einzelnen Mitarbeiterinnen und Mitarbeiter verteilt werden sollen. Auch bei diesem Prozeß werden wir nochmals auf die beiden Prinzipien von Teamleistung und individueller Leistung zurückkommen müssen. Für die Gestaltung in der Praxis haben die Gedanken die folgenden Konsequenzen. Die generelle Regelung zur Verteilung der beschriebenen »Teiltöpfe« in den Profit- und Costcentern lautet:

○ 25 Prozent gleichmäßig an alle,
○ 75 Prozent individuell nach Leistung.

Wenn 25 Prozent zuerst einmal »gleichmäßig an alle« verteilt werden, kommt darin der Teamgedanke zum Ausdruck. An dieser Stelle verstehen wir das allerdings nicht mehr als Ausformung des Zusammenarbeitens zwischen den Abteilungen (= Team im weiteren Sinne), sondern als Antwort auf das Zusammenwirken der Mitglieder von Teams (im engeren Sinne) innerhalb einer Abteilung. Die an den Realitäten der Praxis orientierte Forderung der »25 % gleichmäßige Verteilung an alle« beruht auf dieser Grundlage.

Nun gilt es, noch die Verteilung der »Teiltöpfe« mit »75 Prozent nach der individuellen Leistung« zu kommentieren. Schon der Prozentsatz von 75 Prozent deutet an, daß hier keineswegs der Abkehr vom individuellen Leistungsprinzip das Wort geredet werden soll. Übergewichtig haben wir die Gesichtspunkte des Teamprinzips erörtert, weil sie relativ neu in der Diskussion sind. Wenn nun 75 Prozent der Teiltöpfe nach »individueller Leistung« an die Mitarbeiterinnen und Mitarbeiter in den Profit- und Costcentern zu verteilen sind, bedeutet das eine enorme Herausforderung an die Führungskräfte und Vorgesetzten. Das Modell der Erfolgsbeteiligung zwingt die Führungskräfte, nach »Böcken« und »Schafen« zu unterscheiden. Sie müssen entscheiden, wem – bei dem mengenmäßig größten Teil der Teiltöpfe – welcher Anteil zukommen soll: weil die entsprechenden Mitarbeiterinnen und Mitarbeiter den wesentlichen Beitrag zum Erfolg geleistet haben. Den unter Führungskräften in herkömmlichen Instrumenten beliebten Devisen »jedem etwas, um keinem wehzutun« und »dieses Jahr Fritz – nächstes Jahr Franz« ist ja mit der Regelung »25 % gleichmäßig an alle« bereits Rechnung getragen. Jetzt müssen die Führungskräfte ihren »Offenbarungseid« zum individuellen Leistungsprinzip leisten. »Wer sind die Leistungsträgerinnen und Leistungsträger in meiner Abteilung?«

Bewußt verzichtet das hier vorgestellte Modell einer Erfolgsbeteiligung auf ein unterstützendes, differenziertes System der »Notenvergabe« anhand einer Liste von Leistungskriterien und deren Abstufungen nach Erfüllungsgraden, wie es herkömmlichen Leistungsbeurteilungssystemen eigen ist. In einer »posttayloristischen« Welt müssen die Vorgesetzten von den Einschnürungen einer herkömmlichen Personalwirtschaft und von deren Instrumenten befreit werden. Sie müssen in ihre eigentliche Verantwortung als »Führende« eingesetzt werden, auch als »verantwortlich Zuteilende«. Sie müssen Antwort auf die Frage geben: »Wer sind die Leistungsträgerinnen und Leistungsträger in meinem Verantwortungsbereich?« Also entscheiden die Vorgesetzten völlig frei von »Kriterienkatalogen«, wer welchen Anteil an dem zur Verfügung stehenden »Topf« erhalten soll.

Die These findet breiten Zuspruch und hat sich in zahlreichen »Leitlinien« (auch bei Banken) niedergeschlagen: »Erfolg in den heutigen und künftigen Märkten erwächst aus Teamarbeit.« Einige Beispiele in früheren Kapiteln haben die Sinnhaftigkeit dieser These bereits untermauert. Ohne die fachkundige Zuarbeit der Costcenter können die Mitarbeiterinnen und Mitarbeiter der Profitcenter bestehende Märkte nicht noch stärker erschließen und neue Märkte erobern. Der »Finanzfachmann« in der Kundenberatung braucht die Hilfe von Wirtschafts-, Steuer- und juristischen Experten, damit seine Privatkunden nicht nur zum finanziellen Teilaspekt möglicher Vermögensanlagen, sondern zu ihrem Gesamtproblem profund beraten werden können. Ohne optimale »interne Organisation« haben die kundennahen Mitarbeiterinnen und Mitarbeiter erhebliche Probleme. Wenn wir nachfolgend versuchen, die These: »Das Team entscheidet« in die Praxis umzusetzen, sind wir mitten im »Allerheiligsten«, beim Geld.

10.7.1 Das Prinzip

Die Praxis (in beinahe allen Banken) sieht so aus, daß die *direkten* Abschlußmittler (für Bausparverträge, Versicherungen . . .) Provisionen erhalten. Sie werden, im Gegensatz zur Erfolgsbeteiligung, die auf der Leistung des Gesamthauses und der Leistungsgemeinschaft aller Mitarbeiterinnen und Mitarbeiter beruht, für einzelne, dem Individuum direkt zurechenbare Leistungen belohnt. Diese traditionelle Form der Leistungsentlohnung hatte in der Vergangenheit ihre volle Berechtigung. In einem Markt des Produktverkaufs war das »verkäuferische« Geschick die entscheidende Leistung. In relativ einfach strukturierten Wachstumsmärkten waren die »interne Organisation« und »Zuarbeit« an die Berater eher »Verwaltungsaufgaben« und bei weitem nicht so erfolgsbestimmend, wie es heute und in der Zukunft der Fall ist. Wenn heutzutage die Banken den Teamgedanken vehement propagieren und in der Praxis umzusetzen suchen, dann stellen sie auch das Prinzip der Zuteilung von Provisionen alleinig durch Zuteilung an die individuellen, unmittelbaren Abschlußmittler in Frage. Es muß um Teamelemente ergänzt (nicht abgeschafft!) werden.

10.7.2 Die Praxis

Als Ausfluß des Teamgedankens ist es heute schon weithin üblich, einzelne Profitcenter als »Leistungsgemeinschaft« zu bezeichnen. Das hier geschilderte Instrument aus der Praxis einer Bank zieht daraus die Konsequenzen. Es berücksichtigt bei der Verteilung der in einem Profitcenter erarbeiteten Provisionen alle Mitglieder der Leistungsgemeinschaft.

Das Verfahren ist sehr einfach. Alle im Laufe eines Jahres in einem Profitcenter erzielten Provisionen kommen in einen »Provisionstopf«. Am Ende des Jahres werden dann 25 Prozent des »Provisionstopfes« gleichmäßig an alle Mitarbeiterinnen und Mitarbeiter dieser Leistungsgemeinschaft verteilt. Die restlichen 75 Prozent werden an einzelne Mitarbeiterinnen und Mitarbeiter ausgeschüttet. Maßgeblich dafür ist (wie bei dem früher geschilderten »allgemeinen Erfolgstopf«) das Urteil des Vorgesetzten über den individuellen Leistungsbeitrag.

Die Einführung des Provisionstopfes ist in einer Bank zunächst mit einer erheblichen Unruhe verbunden. »Vom Kopf her« das Modell und seine Notwendigkeit zu begründen ist dabei das kleinere Problem. Erhebliche Widerstände erwachsen daraus, daß »Besitzstände« verlorengehen, die für eine Reihe von Mitarbeiterinnen und Mitarbeitern mit Einkommensverlusten einhergehen. Die Unzufriedenheit darüber hält lange an. Weder die »begriffene« Notwendigkeit noch die Tatsache, daß andere Mitarbeiterinnen und Mitarbeiter einen Einkommenszuwachs erzielen, kann ihn aus der Welt schaffen. Wenn jedoch ein Vorstand auf Dauer glaubwürdig Teamarbeit fördern will, wenn in der Praxis Zusammenarbeit und Zusammenwirken im Team verstärkt werden sollen, müssen auch die monetären Belohnungssysteme zur Unterstützung dieses Wandels herangezogen werden. Ein harter Schnitt bei veralteten Instrumenten ist dann unausweichlich. Es gilt ernsthaft zu bedenken und in der Praxis nachzuvollziehen, was Leonhardt[18] in die These faßt: »Eine Unternehmenspolitik ... die sich die Bewahrung bestehender Situationen zum Ziel setzt, muß auf Dauer zum Zusammenbruch führen.«

[18] A. a. O., S. 7.

11 Kundenzufriedenheit als Meßlatte – Hinweise auf Meßprobleme in der Praxis

Kreditinstitute, die die Kundenorientierung zu einer der Grundlagen ihrer Unternehmensstrategie erklären, benötigen Instrumente, um die im Markt tatsächlich erreichte Kundenzufriedenheit zu ermitteln und messen zu können. Nur über dieses Feedback ist ein rationales, regelkreisorientiertes Management möglich. Die Unumgänglichkeit für das »allgemeine« Management ist völlig unbestritten, die Praxis handelt auch bereits in weiten Teilen danach. Die Notwendigkeit für eine strategieorientierte Personalwirtschaft und ihre Instrumente ergibt sich zwingend insbesondere aus den Kapiteln 9 und 10 dieses Buches. Für die Praxis ergeben sich daraus einige Probleme, die nachfolgend beschrieben werden sollen.

11.1 Personalwirtschaft benötigt nicht alle Daten des Marketing

Das »allgemeine« Management benötigt Marktstudien, die *alle* wesentlichen Faktoren, die Einfluß auf die Kundenzufriedenheit haben, berücksichtigen. Nicht alle in solchen Erhebungen berücksichtigten Elemente sind für die Zwecke der Personalwirtschaft notwendig oder geeignet. So beruht etwa eine Konzeption der Praxis auf sieben Komponenten.

1. Grad der generellen Zufriedenheit mit der Sparkasse
2. Bedeutung relevanter Auswahlkriterien für die Wahl der Bankverbindung
3. Zufriedenheit mit dem von der Sparkasse gebotenen Produkt- und Servicestandard
4. Störfaktoren und Probleme in der Zusammenarbeit mit der Sparkasse
5. Kontaktanalyse
6. Analyse des aktuellen Abschluß-Goodwills für die Sparkasse
7. Nutzungsgrad von Sparkassen-Produkten

Wenn in den Instrumenten der kundenorientierten Mitarbeiterbeurteilung und Erfolgsbeteiligung der Beitrag der Mitarbeiterinnen und Mitarbeiter zur erreichten Kundenzufriedenheit (oder dem Mangel daran) analysiert werden soll, sind dazu nicht *alle* sieben Komponenten erforderlich, sie können sogar das Bild verfälschen. Wenn etwa bei der »Bedeutung relevanter Auswahlkriterien für die Wahl der Bankverbindung« Leistungsaspekte wie »Zinshöhe (Aktiv-/Passivgeschäft)«, »Gebührenhöhe« oder »Produktpalette (Breite des Angebotes)« eine Rolle spielen, so können sie nicht »den« Mitarbeiterinnen und Mitarbeitern zugerechnet werden (sie spielen jedoch für die Beurteilung der Leistung eines sehr kleinen Kreises – leitender Mitarbeiter – eine wichtige Rolle).

Das bedeutet, die »Gesamtergebnisse« für das Gesamthaus können nicht *pauschal* als »Kundenzufriedenheitsindex« in die personalwirtschaftlichen Instrumente eingeführt werden. Schon rein ökonomisch macht es wenig Sinn, deshalb separate, spezielle Studien für die Personalwirtschaft zu fordern. Vielmehr müssen bei der Erhebung und Auswertung die Studien so differenziert werden, daß sie den Zwecken auch der Personalwirtschaft genügen.

11.2 Das »allgemeine« Marketing liefert nicht immer genügend differenzierte Daten

Die für die Zwecke des »allgemeinen« Managementes geeigneten Instrumente zur Ermittlung von Kundenzufriedenheit genügen nicht in jedem Falle den Anforderungen, die die Personalwirtschaft stellt. Wenn etwa bei einer Marktanalyse die Frage, ob der Kunde »normalerweise mit Namen begrüßt wird«, nur mit ja oder nein beantwortet werden kann, so ist die aus den Antworten ersichtliche Tendenz eine tragfähige Entscheidungsgrundlage für das Management. Für eine differenzierte Leistungsbeurteilung, erst recht für die Zuteilung von »Geld«, ist auf Dauer eine Verfeinerung unumgänglich.

Aus personalwirtschaftlicher Sicht ist noch ein ganz anderer Schritt zur Verfeinerung der allgemeinen Marktanalysen erforderlich. Als Ergänzung zur »Grobsteuerung« durch die »1. Führungsebene« streben die strategieorientierten personalwirtschaftlichen Instrumente eine »Feinsteuerung« von der »2. Ebene« bis hin zu den einzelnen Mitarbeiterinnen und Mitarbeitern an. Das stellt die Aufgabe an die (externen) »Marktforscher« und intern an »Controlling« und »Organisation«, die (kundenbezogenen) Marktdaten so zu erheben und aufzubereiten, daß sie aussagefähige Informationen nicht nur zum »Gesamthaus«, sondern auch zur Arbeit der einzelnen »Profitcenter« liefern. Das erlaubt es dann den »Profitcenterteams«, anhand konkreter Daten Maßnahmenpläne zur Verbesserung der eigenen Wirksamkeit in den Markt hinein zu erarbeiten. Darüber hinausgehend ist die Aufgabe, aussagefähige Daten für die Marktwirksamkeit der Arbeit der »Costcenter« zu ermitteln, eine noch größere Herausforderung an das Marketing.

11.3 Personalwirtschaft benötigt keine »jährlichen« Daten

Eine weitere Anmerkung noch zum Thema, auch aus ökonomischer Sicht. Die Kundenzufriedenheit ist regelmäßig kein Faktor, der in kurzen Zeitabständen sprunghafte Veränderungen zeigt. Dies in Verbindung mit einer ohnehin vorhandenen »Unschärfe« in den Instrumenten legt es nahe, entsprechende Erhebungen der für die personalwirtschaftlichen Instrumente relevanten Daten nur im Rhythmus von 3 Jahren zu ermitteln. Die gewonnenen »Indices« können dann für diesen Zeitraum festgeschrieben werden. Für spezielle Bereiche, in denen es notwendig ist, in kürzeren Zeitabständen die Entwicklung zu verfolgen (Bsp. »Home-Banking«), sind dann andere Rhythmen vorzusehen.

11.4 Zusammenfassung

Wenn die vorhandenen Instrumente auch noch nicht perfekt sind, noch weiterentwickelt werden müssen, kann und muß bereits heute damit gearbeitet werden. Das ist für das Management keine ungewohnte Situation. Niemand weiß heute präzise, wie in 5 Jahren sein Markt aussehen wird. Welcher Markt ist dann das »Internet«? Dennoch muß das Management dahin zielende Entscheidungen treffen, wohl wissend, daß die Informationen, auf die es sich stützt, Unschärfen enthalten. Vergleichbar gilt, wenn die Personalwirtschaft weiß, daß die Kundenzufriedenheit erheblichen Einfluß auf den Markterfolg hat, muß sie darauf reagieren, auch wenn die Informationsbasis noch Lücken hat. Es bleibt allerdings der Auftrag, mit Nachdruck an der Verfeinerung des Instrumentariums zu arbeiten. Für ein aktives Management gilt der alte

Spruch: »Laßt uns nicht zu lange vom großen Dom träumen. Laßt uns schon mal eine Kapelle bauen, damit wir mit dem Beten beginnen können.«

12 Verknüpfung von Beurteilung und Leistungsentgelt mit anderen Instrumenten

Schon in den ersten Kapiteln wurde begründet, daß kundenorientierte Beurteilungssysteme keine »freischwebenden« Verwaltungsakte sind. Sie sind Instrumente, um Strategien zu stützen und zu fördern, ihnen zum Erfolg auf dem Markt zu verhelfen. Als Schalter im Regelkreis kommt ihnen dabei eine Doppelaufgabe zu. Als Instrumente zum Soll-Ist-Vergleich sollen sie einerseits die Vergangenheit »bilanzieren«, als Soll-Ist-Soll-Systeme müssen sie gleichzeitig Handlungsnotwendigkeiten für die Zukunft auslösen. Beurteilungssysteme haben daher den Anforderungen eines Motors im Entwicklungsprozeß eines Unternehmens zu entsprechen. Sie sollen Antworten auf die drei bekannten Fragen des preußischen Generalstabes geben:

- Wie ist die Lage, wo stehen wir?
- Was kann auf uns zukommen?
- Wie stellen wir uns darauf ein?

Inwieweit erfüllen wir die Erwartungen unserer Kunden? Wie werden diese sich in einem überschaubaren Zeitraum ändern? Was müssen wir deshalb bei uns ändern? Zeitgemäße personalwirtschaftliche Instrumente müssen die Antworten unterstützen, die der Markt von einer zeitgemäßen Strategie fordert. Also ist zu fragen, welche Anregungen sie geben, um *kundenorientierte* Sub- und Folgesysteme von

- Führung,
- sachlichen Verbesserungsprogrammen,
- Weiterbildung und
- Personalentwicklung
sehr konkret zu gestalten.

Vor den Antworten zunächst die Fragen und den Zusammenhang im Überblick.

1. Führung   2. Verbesserungsprogramm
                                                  sachlich

                        Beurteilung
                        Leistungsentgelt

3. Weiterbildung   4. Personalentwicklung

12.1 Die Verknüpfung mit dem System der Führung

In den früheren Kapiteln wurde unter mehreren Gesichtspunkten die enge Verknüpfung von Führung mit Beurteilung dargelegt. Die personalwirtschaftlichen Instrumente sollen in erster Linie aktive und lebende Hilfsmittel für die Vorgesetzten und ihre Arbeit, nicht (lästige) Verwaltungsakte für eine Personalabteilung sein. Ein Gesichtspunkt dieser engen Verzahnung läßt sich aus einem Vergleich mit dem Rechnungswesen im Unternehmen gewinnen. Das Jahr über verrechnen die Buchhalter zahlreiche Einzelvorgänge, Einnahmen und Ausgaben . . . Wenn das Unternehmen jedoch wissen will, wo es steht, muß es eine Bilanz erstellen, in der die Einzelbuchungen »verschwinden«. Wenn dann über Schlußfolgerungen aus der Bilanz nachgedacht wird, geht es nicht mehr um die darin enthaltenen Einzelvorgänge, sondern um das Gesamtbild, das die Bilanz darbietet. Die kaufmännische Führung braucht beide Instrumente als Hilfsmittel, den Einzelvorgang und die Bilanz. Die hier vorgestellten personalwirtschaftlichen Instrumente haben für die Führung die Funktionen von Eröffnungs- und Schlußbilanz. Sie unterstützen und fördern die »große Linie«. Sie sorgen dafür, daß sich die täglichen Urteile über die Leistungen von Mitarbeiterinnen und Mitarbeitern nicht im »Gestrüpp« des Tagesgeschäftes verheddern. Sie werden in ein abgewogenes Gesamturteil zusammengeführt, das ein klares Eigen- und Fremdbild ermöglicht.

Eine Grundaufgabe der Verknüpfung von Führung und den personalwirtschaftlichen Instrumenten ist die Ableitung der Gestaltung der operativen Aufgaben aus den übergeordneten Strategien. Unter diesem Gesichtspunkt wird eine zukunftsorientierte Bank die folgende Grundstruktur für ein Beurteilungssystem, das »Mitarbeiterleistungsbericht« genannt wird, entwickeln.

Mitarbeiterleistungsbericht

1 Ziele und Aufgaben
1.1
1.2
1.3
1.4
1.5

2 Art und Weise der Durchführung
2.1
2.2
2.3
...

Unter »1 Ziele und Aufgaben« werden *aktuelle,* für die nächste Leistungsperiode geltende Leistungs*ziele* (auch durch die Begrenzung auf 5 Ziele müssen Prioritäten gesetzt werden) vereinbart. Sie werden aus der aktuellen Strategie des Unternehmens abgeleitet. In den Erläuterungen zu dem Mitarbeiterleistungsbericht heißt es diesbezüglich:

- Gemäß der vorgegebenen Zielsetzung des Beurteilungssystems gründen sich alle Folgerungen auf die Analyse der Tätigkeiten und Leistungen der Mitarbeiter.
- Diese Analyse wird nur dann objektiv erfolgen können, wenn die Ziele und Aufgaben exakt beschrieben sind.
- Die Beschreibung der Aufgaben und Ziele ist somit der wichtigste Input des Systems.
- Sie erfolgt vor Beginn der Beurteilungsperiode und wird mit dem Mitarbeiter vollinhaltlich besprochen.

Unter 2 »Art und Weise der Durchführung« sind die Leistungs*standards,* zumeist in der Form von Prozeßkriterien, vorgegeben. Es handelt sich dabei um den Kern (unter dem Gesichtspunkt der Priorität ausgewählt) der Leistungskriterien eines »klassischen« Beurteilungssystems. Ganz konkret kann das in der Praxis dann folgendermaßen aussehen.

. . .

2.8 Verteilt seine Zeit auf die verschiedenen Aufgaben entsprechend den vereinbarten Prioritäten.

2.9 Erkennt Probleme, geht sie ihrer Bedeutung entsprechend an.

2.10 Wie reagiert er auf Veränderungen und Neuerungen?

Auch solche Standards bedürfen bei einem Strategiewechsel der Interpretation, vorhandene Instrumente müssen neuen Gegebenheiten angepaßt werden. Bei der Entwicklung zur »Kundenorientierung« sind dann »vereinbarte Prioritäten«, »ihrer Bedeutung entsprechend«, und »Veränderungen und Neuerungen« immer im Sinn von *»aus der Sicht der Kunden«* zu interpretieren und zu bewerten.

Das Beispiel deutet auch an, daß ein zeitgemäßes Instrument die Entwicklung der Rolle des Vorgesetzten vom Beurteiler zum Berater fordert und fördert. Ziele werden nicht vorgegeben, sondern vereinbart. Ziele werden »vollinhaltlich besprochen«, eine exakte Beschreibung muß »ausschließlich objektiv sein«, »exakte Beschreibungen sind eindeutig, verwendete Worte sollen nicht verschieden ausgelegt werden können«, heißen einige Grundsätze in dem zitierten Mitarbeiterleistungsbericht. Wie im Verhältnis zu externen Geschäftspartnern gewinnen Rechenhaftigkeit und Berechenbarkeit auch in der internen Kunden-Lieferanten-Beziehung Raum.

Zeitgemäße personalwirtschaftliche Instrumente fordern und fördern eine zeitgemäße Führung.

12.2 Die Anregungen für sachliche Verbesserungsprogramme

Betrachten wir die Aufgabe der personalwirtschaftlichen Instrumente, auf der Basis von Soll-Ist-Vergleichen ein Handlungsprogramm für die Zukunft zu entwickeln.

Dazu finden sich in praxisgerechten Instrumenten zum Beispiel die folgenden Fragen:

»Besonderheiten des Projektes, die die Tätigkeit des Mitarbeiters spürbar beeinflußt haben« oder »äußere Einflüsse auf die Tätigkeiten des Mitarbeiters« und

»Vorschläge für einen Aktionsplan (Ziel, Inhalt, Rangfolge der Dringlichkeit, Zeitplan)«.

Dies sind Hinweise darauf, daß bei Abweichungen zwischen Soll- und Ist-Zustand eine sachliche Analyse der Ursachen erfolgen muß, weshalb es zu den Differenzen kam. Worauf beruht es, daß das Ziel der vollständigen Erfüllung der Erwartungen der Kunden nicht erreicht wurde?

Bei einem rationalen Management mündet diese Analyse zunächst in ein *sachliches* Verbesserungsprogramm. Es sucht jene Ursachen, die nicht in der Person oder im Verhalten von Mitarbeiterinnen und Mitarbeitern begründet sind, aus der Welt zu schaffen. Die Grundhaltung für entsprechende Gespräche, die das Beurteilungs- und Leistungsentgeltsystem auslösen muß und gleichzeitig deren Charakter kennzeichnet, ist die These:»Es gibt keine Fehler. Es gibt nur Schritte, die die Lösung der Probleme beim Kunden hindern oder von ihnen wegführen, und solche, die zu ihr hinführen.«

Wir erreichen hier einen Punkt, bei dem das Beurteilungssystem, das sich ja zuvörderst im Verhältnis Vorgesetzter – Mitarbeiterin/Mitarbeiter bewegt, in das generelle Führungssystem überspringt. Es macht ja nicht immer einen großen Sinn, mit allen Mitarbeiterinnen und Mitarbeitern einzelne Aktionspläne zu vereinbaren. Im Sinne einer »Konzentration auf das Wesentliche« ist es nützlich, wenn der Leiter eines Teilbereichs die Anregungen aus den Einzelanalysen zunächst in eine gemeinsame Arbeit Mitarbeiterinnen und Mitarbeiter seines Bereiches einbringt. Diese Aufgabe sollte die folgende Struktur haben.

1 Wir haben im letzten Jahr die folgenden Stärken zur Erfüllung der Erwartungen unserer Kunden entwickelt und gefestigt:

1.1

1.2

1.3

Sollen und wie können wir diese Stärken ausbauen?

2 Wir haben im Laufe des letzten Jahres die folgenden Defizite hinsichtlich der Erfüllung der Erwartungen unserer Kunden festgestellt:

2.1

2.2

2.3

Inwieweit müssen wir diese Defizite beheben, wie wollen wir dazu vorgehen?

3 Welche Prioritäten ergeben sich für unser künftiges Handeln aus der Sicht unserer Kunden?

Bei diesen Fragen geht es nicht darum, was Frau Müller oder Herr Maier besser machen müssen, sondern um die Suche nach dem Weg, wie der Teilbereich (das »Marketing«, »Controlling« ...) noch näher an den Kunden herankommen kann.

Wenn nach dieser Arbeit die Ziele und Prioritäten für ein sachliches Verbesserungs- und Veränderungsprogramm vorliegen, ist es sinnvoll, auf die Ebene Vorgesetzter – Mitarbeiterin/Mitarbeiter zurückzugehen und stellenbezogene sachliche Verbesserungsprogramme zu konzipieren und zu verabschieden.

Das eröffnet den Blick auf die sich ergänzenden verschiedenen Instrumente, die die Entwicklung, Veränderung und Verbesserung im Unternehmen bewirken und fördern sollen.

- Das Beurteilungssystem gibt eine Antwort auf die Frage, was wir *generell* tun müssen, um noch näher an die Erwartungen und Wünsche der Kunden heranzukommen. Es arbeitet Ziele und Handlungspläne dafür aus.
- Das »Betriebliche Vorschlagswesen« (BVW) fordert die Kreativität und das Innovationspotential der »Tüftler«: Wo *im Unternehmen* können wir auf welche Weise unsere Leistungsfähigkeit steigern?
- Kaizen, der »Kontinuierliche Verbesserungsprozeß« (KVP), geht der Frage nach, wie Mitarbeiterinnen und Mitarbeiter *an ihrem*

161

Arbeitsplatz dafür Sorge tragen, daß die Erwartungen der internen und externen Kunden noch besser als bisher erfüllt werden.

Die Führung ist aufgefordert, die Klaviatur der Verbesserungsinstrumente zunehmend besser zu spielen.

12.3 Hinweise auf eine kundenorientierte Weiterbildung

Unsere Überlegungen zu kundenorientierten Systemen der Beurteilung und Erfolgsbeteiligung führen zu einigen Hinweisen für die Weiterentwicklung einer kundenorientierten Weiterbildung. Welche Ziele und Zwecke verfolgt die Weiterbildung? Die folgenden Gedanken zeigen, daß die Antworten auf die Fragen an die jeweils herrschende »Unternehmensphilosophie« (deren Wandel wurde in den ersten Kapiteln dargelegt) geknüpft werden.

In einem frühen Stadium ging es der Weiterbildung im Gleichklang mit dem überkommenen öffentlichen Bildungssystem um die Bildung »an sich«. Je höher der Bildungsgrad, desto besser die Mitarbeiterinnen und Mitarbeiter. Und »irgendwie rechnet sich das«, war die allgemeine Auffassung. »Schickt mehr Kinder auf die besseren Schulen!« war der politische Begleittext. An der These gibt es ja auch keine ernsthaften Zweifel. Nur: für Unternehmen, die zweckgerichtet sind (und seit einiger Zeit unter heftigem Kosten-/Effizienzdruck stehen), ist *allgemein* angelegte Bildungsarbeit unökonomisch, sie birgt die Gefahr hoher Streuverluste.

Spiegeln wir die These an einem Beispiel aus der Praxis. In einem Beurteilungssystem von Siemens aus dem Jahre 1961 findet sich die Frage:

. . .

5. Sollten für die Weiterbildung des Mitarbeiters bestimmte Anregungen gegeben oder Maßnahmen vorgesehen werden?
☐ 1. Ja; welche:
☐ 2. Nein, die Sorge hierfür kann dem Mitarbeiter überlassen werden.

Wir gehen heute davon aus, daß für eine zeitgemäße Personalwirtschaft das Ziel einer Weiterbildungsabteilung nicht darin bestehen kann, die bessere Volkshochschule zu sein.

Anhand von Beurteilungssystemen der Praxis läßt sich dann auch nachweisen, daß in den 70er und 80er Jahren die Weiterbildung in den Unternehmen gleichsam konkreter wurde. Man ging dazu über, den Weiterbildungsbedarf auf die konkreten Aufgaben im Unternehmen zu beziehen. So heißt es typischerweise in einem Beurteilungsbogen aus dem Jahre 1976:

1. Welche Kenntnisse und Fertigkeiten des Mitarbeiters sollten im Hinblick auf seine derzeitigen Aufgaben verbessert werden?
2. Welche Kenntnisse und Fertigkeiten sollte sich der Mitarbeiter im Hinblick auf künftige Aufgaben noch aneignen?
3. Welche Maßnahmen werden zu 1. und 2. vorgeschlagen?

In einem anderen Beurteilungsbogen wird gefragt:

»Welche besonderen Maßnahmen werden zur Verbesserung der Leistungen des Mitarbeiters vorgeschlagen?«

In den »Erläuterungen zur Beurteilung der Mitarbeiterentwicklung« von Hoechst aus jenen Jahren heißt es:

10.0 Empfehlung für weitere Entwicklung und Förderung:
10.1 Aufgabengebiet:
    Geeignete Aufgaben
    andere Aufgaben im Rahmen des jetzigen Gebietes
    Aufgaben in einem anderen Gebiet
    weitere Erfahrung abwarten
10.2 Fortbildungsmaßnahmen:

Diese Beispiele zeigen den grundlegenden Schritt von der Bildung »an sich« zur nutzenorientierten Weiterbildung an. Jetzt gilt es, konsequent den weiteren Schritt zu gehen. Die bisherigen Instrumente (auch die hier auszugsweise zitierten) fragen *unternehmensbezogen* nach dem Nutzen. In Übereinstimmung mit der seither herrschenden Philosophie der Produkt- und Angebotsorientierung wird danach gesucht, wie das Unternehmen »an sich« besser werden kann.

Der nächste Schritt bringt daher den Kunden in das Gefüge.

»Welche Maßnahmen sind erforderlich, damit die Mitarbeiterinnen und Mitarbeiter – *bezogen auf die Anforderungen der Kunden* – ihre daraus erwachsenden Anforderungen noch besser als bisher bewältigen können?«

Eine solche Frage wird zum Grundtenor zeitgemäßer Weiterbildung. Es geht jetzt nicht mehr um die Frage: »Wie wird sie/er besser?« Auch nicht mehr darum: »Wie werden *wir* besser?« Künftig werden die Beurteilungssysteme die Wege aufzuzeigen haben, wie das Unternehmen und die Mitarbeiterinnen und Mitarbeiter in ihm die Anforderungen und Erwartungen der Kunden noch besser als zuvor erfüllen können.

Das eröffnet einen interessanten Ausblick auf die künftige Ausgestaltung eines Bildungscontrolling. Der Erfolg von Weiterbildungsmaßnahmen wird künftig nicht mehr daran gemessen werden, ob die Teilnehmer etwas gelernt haben. Maßstab wird sein, inwieweit das Erlernte – zum Nutzen der Kunden – in die Praxis umgesetzt wurde. Durch die Entwicklung geeigneter Instrumente wird in dieser Weise die Entwicklung der Weiterbildung von einer Sozialleistung zu einer am Kundennutzen orientierten Veranstaltung gefördert. Bildungscontrolling muß dafür eine angemessene Aufwands-Ertragsrechnung erstellen.[1]

Knüpfen wir zum Thema der kundenorientierten Weiterbildung an einem praktischen Beispiel aus einem früheren Kapitel an. Eine Bank stellt neue Anforderungen an die Befähigungen der Mitarbeiterinnen und Mitarbeiter, weil sie konsequent die Strategie des Beratungsverkaufs umsetzen will.

Anforderungsprofil für den Beratungsverkauf

1. Veränderte *fachliche* Kompetenzen
2. Veränderte *kommunikative* Kompetenzen
3. Veränderte *soziale* Kompetenzen

Für die Mitarbeiterinnen und Mitarbeiter in der Kundenberatung ergibt sich daher ein verändertes Anforderungsprofil. In groben

---

[1] Näher: Wagner, a. a. O.

Zügen können die Veränderungen in den drei Kompetenzfeldern skizziert werden.

- Im Bereich der *fachlichen* Kompetenz brauchen die Mitarbeiterinnen und Mitarbeiter ein breiteres Wissen über die »Welt« der Kunden. Wer nicht nur ein Wertpapier verkauft, sondern beraten soll, welches Wertpapier (oder sonstige Geldanlage) in der Gesamtvermögenssituation des Kunden die nützlichste Anlage darstellt, muß komplexere Zusammenhänge verstehen. Er muß beispielsweise den Aufbau einer »Gesamtaltersversorgung« beherrschen, das Zusammenspiel von Immobilien und Finanzanlagen einschließlich der dazugehörenden steuerlichen Fragen kennen. Das gilt erst recht für das Firmenkundengeschäft, wenn sich das »Verhandeln über die Konditionen eines Kredites« zur »Beratung über die Firmensituation oder Vermögenssituation« erweitern soll. Dieses zusätzliche Fachwissen muß zumindest soweit beherrscht werden, daß der Berater zuverlässig entscheiden kann, zu welchen Fragen er Spezialisten hinzuziehen muß.
- Im Bereich der *kommunikativen* Kompetenz verschiebt sich das Anforderungsprofil sehr deutlich. Hatten früher klare und überzeugende Argumentation zum Produktnutzen, auch die »Abschlußtechnik«, hohe Priorität, so geht es künftig in erster Linie um (aktives und analytisches) Zuhören, Fragetechnik, Abwägen und kommunikativ zu bewältigende Wege zum Konsens.
- Verändert sind auch die Anforderungen, die an die *soziale* Kompetenz der Mitarbeiterinnen und Mitarbeiter in der Kundenberatung gestellt werden. Es geht um eine Verstärkung von (aktiver und passiver) Kritikfähigkeit und das Vermögen, Konflikte zu lösen. Der aktive Auf- und Ausbau von sozialen Beziehungen als Vertrauensbasis im Rahmen von Programmen zur Kundenbindung und -loyalität gewinnt einen hohen Stellenwert.

Wenn die »Weiterbildung« in einem ersten Schritt das veränderte Anforderungsprofil entsprechend einer veränderten Strategie der Bank entwickelt hat, wird sie gemeinsam mit den Vorgesetzten ein Instrumentarium entwickeln, wie die Ist-Befähigungen der Mitarbeiterinnen und Mitarbeiter mit den Soll-Befähigungen übereinstimmen. Aus dem Abgleich entsteht dann ein aktuelles und *strategiebezogenes* Angebot der Weiterbildung für die Mitarbeiterinnen und Mitarbeiter.

Wenn wir unsere Überlegungen zusammenfassen, dann muß dafür gesorgt werden, daß unsere Instrumente Antworten auf einige typische Fragen geben.

- Welche Ziele haben wir uns gesetzt, um die Strategie der Kundenorientierung in die Praxis umzusetzen?
- Welche Ergebnisse haben wir dabei erzielt?
- Welche Ursachen
  - sachlicher Art,
  - bei Personen
  haben bewirkt, daß wir unsere Ziele nicht voll erreicht haben?
- Was müssen die Mitarbeiterinnen und Mitarbeiter noch lernen, damit wir hinsichtlich der Kundenorientierung in der nächsten Leistungsperiode noch bessere Ergebnisse erzielen?
- Welche Dienstleistungen muß deshalb die Organisationseinheit »Weiterbildung« erbringen?

Die Fragen zeigen auf, daß sich auch Weiterbildung weiterentwickeln muß. Von einem »Kataloganbieter« (meist sinnvoller) Maßnahmen der Weiter-»Bildung« wird sie zu einem Dienstleister, der unmittelbar nutzenorientierte Unterstützung der Strategie der Kundenorientierung anbietet.

12.4 Personalentwicklung aus der Sicht der Kundenorientierung

Während die Weiterbildung die Kompetenzen der Mitarbeiterinnen und Mitarbeiter für ihre *derzeitigen* Aufgaben stärkt, zielt die Personalentwicklung darauf ab, die Mitarbeiterinnen und Mitarbeiter auf *künftige* Aufgaben vorzubereiten. Die Personalentwicklung in einem Unternehmen/einem Kreditinstitut darzustellen, ist nicht das Thema dieses Buches, es sollen nur die Zusammenhänge und Vernetzung von Beurteilung und Erfolgsbeteiligung mit den anderen personalwirtschaftlichen Instrumenten deutlich gemacht werden. In die Tiefe der Personalentwicklung in Kreditinstituten geht beispielsweise Teuchert[2]. Hier werden die Grund-

---

[2] A. a. O.

linien angerissen, wie die spezifisch *kundenorientierten* und *strategieorientierten* Leitlinien zeitgemäßer Personalentwicklung aussehen müssen, wobei Teuchert[3] völlig zu Recht den notwendigen systemorientierten Ansatz betont, wonach »entscheidend für ein Gesamtkonzept der Personalentwicklung der konsequente Einbezug der Wechselwirkungen von Einzelpersonen, Gruppe, Unternehmen und Umfeld der Unternehmung« ist. Notwendige Maßnahmen der Personalentwicklung (»bei begrenzten Ressourcen«) dürfen daher nicht nur aus dem Bildungsbedarf der Einzelpersonen (»besser werden«), sie müssen aus dem Bedarf des »Ganzen« (»besser werden *für* . . .«) abgeleitet werden. Da sich beide Aufgabenstellungen überschneiden, gelten für die Personalentwicklung daher zunächst die zur Weiterbildung erarbeiteten Grundsätze. Es kommen jedoch einige spezielle Gesichtspunkte hinzu. Zunächst sei nochmals die Grundthese in Erinnerung gerufen, Personalwirtschaft und Personalentwicklung haben nicht Bildung »an sich«, sondern strategieunterstützende Befähigungen zu vermitteln. »Aufgabe der Personalplanung ist es, die Anpassung der Qualifikation der Mitarbeiter an die vorhandenen Anforderungen vorzubereiten. . . . Bei der Personalentwicklung muß grundsätzlich zwischen der Entwicklung des Mitarbeiters am Arbeitsplatz und seiner persönlichen Entwicklung unterschieden werden«,[4] und: »Bei der qualitativen Personalplanung wird ausgegangen von:

– Anforderungsprofil (analytische Arbeitsbewertung) . . .
– Eignungsprofil (Mitarbeiterbeurteilung) . . .«[5]

Ausgangspunkt herkömmlicher Potentialbeurteilungen sind die Mitarbeiterinnen und Mitarbeiter mit ihren Potentialen.[6]

---

[3] A. a. O., S. 11.
[4] Schumacher, Personalplanung, a. a. O., S. 44.
[5] Schumacher, Grundlagen, a. a. O., S. 63.
[6] Müller, a. a. O.

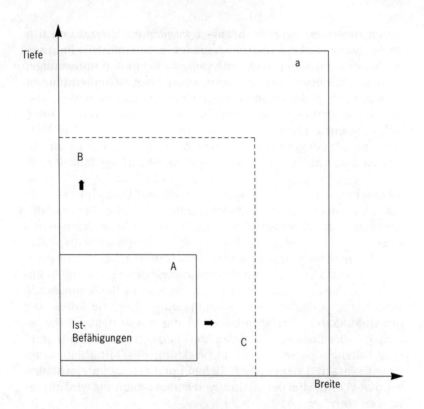

Die Abbildung verdeutlicht die folgenden Aussagen.

a: Entferntester noch beurteilbarer Entwicklungshorizont
A: Mögliche Leistungssteigerung im bisherigen Aufgabengebiet
B: Potential für ein Wachstum durch Vertiefung der Befähigungen
C: Potential für ein Wachstum durch Verbreiterung der Befähigungen

Durch Beobachtung ihrer Arbeit in der Praxis, oftmals ergänzt durch psychologische Testverfahren, versucht man abzuschätzen, wie breit und wie tief die Potentiale sich noch entwickeln lassen. In den Beurteilungssystemen oder in separaten Potentialberichten schlagen sich die Ergebnisse dieser Analysen beispielsweise nach dem folgenden Muster nieder (daneben wird meistens noch ein »Nachwuchsinventar« geführt).

1. Entwicklungspotential

1.1 Für welche Schlüsselpositionsstufe könnte der Beurteilte weiterentwickelt werden?

Mittelfristig:	Langfristig:	
☐	☐	Oberste Führungsebene
☐	☐	Obere Führungsebene
☐	☐	Mittlere Führungsebene
☐	☐	Untere Führungsebene
	☐	Laufbahnziel erreicht

1.2 Für welches Aufgabengebiet erscheint der Beurteilte geeignet?

_____

_____

Aus der Sicht der Kundenorientierung sind solche Instrumente unter zwei Gesichtspunkten zu überprüfen.

Zunächst ist schon mehrfach angesprochen, daß herkömmlich die Unternehmen das »Bild« (und damit das Anforderungsprofil) vom »idealen Mitarbeiter« *unternehmensbezogen* entwerfen. Greifen wir zwei bereits bekannte Beispiele auf. Ein produktorientiertes Unternehmen hat das Leitbild eines produktorientierten Verkäufers. Die High-Tech-Schmiede versteht unter Kreativität die Problemlösung mit Hilfe der neuesten Technik. In einem Käufermarkt führt das zu einer falschen Weichenstellung, es werden Potentiale verlangt und gefördert, demnach auch Mitarbeiterinnen und Mitarbeiter befördert, deren Befähigungen vom Markt nicht mehr honoriert werden. Kundenorientierte Personalentwicklung wird daher das *unternehmens*zentrierte Leitbild, aus dem sich ja auch das Bild vom Mitarbeiter der beurteilenden Vorgesetzten ableitet, durch ein *kunden*zentriertes Leitbild ersetzen müssen. Welche Anforderungen stellen die Kunden künftig an unsere Mitarbeiterinnen und Mitarbeiter?

Personalentwicklung ist von der Natur der Sache her mittel- bis langfristig angelegt. Die Frage ist daher, inwieweit die herkömmlichen Instrumente auf die künftigen Entwicklungen Antwort geben. Das Problem war in früheren Jahren der Kontinuität ziemlich bedeutungslos. Es galt »nur«, das Bisherige besser zu machen. In einer Zeit des Strukturwandels gewinnt die Frage an Brisanz, denn unter sich rasch und tiefgreifend verändernden Bedingungen geht es darum, die Dinge besser anders zu machen. Die sich daraus ergebenden Fragen lauten daher:

1. Wie werden sich mittel- und langfristig unsere Märkte verändern?
2. Welche veränderten Anforderungen kommen von daher auf das Unternehmen und seine Mitarbeiterinnen und Mitarbeiter zu?
3. Wer besitzt die Potentiale, um diesen veränderten Anforderungen gerecht werden zu können?
4. Wie können die entsprechenden Potentiale entwickelt und gefördert werden?

Das Leitbild einer kundenorientierten Personalentwicklung ist daher nicht mehr die Entwicklung der Potentiale der Mitarbeiterinnen und Mitarbeiter, die das Bisherige dann noch besser beherrschen. Es gilt aufzuspüren und zu fördern, wer den veränderten Anforderungen besser gerecht wird.

Ein System der Personalentwicklung für die Praxis, wie es oben anhand eines typischen Musters dargestellt wurde, erhält damit ein neues Gesicht. Wir können es uns – ebenfalls als Muster – so vorstellen:

1. Für auf absehbare Zeit *gleichbleibende* Aufgabenstellungen
☐ geeignet ☐ auch bei umfassenderer Verantwortung
Begründung:

2. Auf den derzeitigen Einsatzbereich zukommende *neue* Anforderungen:

_____

_____

_____

Begründung:

3. Für die kommenden Anforderungen zu 1. und 2. ist die Entwicklung der folgenden
Kompetenzen sinnvoll:
☐
☐
☐
☐

4. Ganz allgemein hat die Mitarbeiterin/der Mitarbeiter bei der bisherigen Arbeit die
folgenden, noch entwicklungsfähigen Potentiale gezeigt:
☐
☐
☐
☐

13 Rückblick und Aufgaben daraus

Der rasche und tiefgreifende Strukturwandel zwingt die Unternehmen zur Veränderung und Weiterentwicklung ihrer grundlegenden Strategien. Ein Schwerpunkt bei dieser Neuausrichtung ist die Kundenorientierung.

Die Neuausrichtung und Weiterentwicklung eines Unternehmens läßt sich nicht einführen und anordnen, sie bedarf eines mit hohem Engagement betriebenen Veränderungsprozesses. Dieser Prozeß wird durch neue Instrumente, die aus den neuen Strategien abgeleitet sind, gestützt und gefördert, alte Instrumente wirken dagegen häufig kontraproduktiv.

Wir haben das Konzept vorgestellt, mit dem das Instrumentarium eines kundenorientierten Beurteilungs- und Erfolgsbeteiligungssystems entwickelt wird. Leitgedanke für die Arbeit, die sich daraus für die Unternehmen ergibt, sollte sein:

»Mit den Strukturen von gestern gewinnen wir nicht die Märkte von morgen!«

Literaturverzeichnis

Baur, Leo A.
Leistungsmaßstäbe als Hilfsmittel zur Mitarbeiterführung, Bern 1973
Apel, Peter, Buhr J.
Ein wirksames Vertriebscontrolling ist in vielen Unternehmen immer noch unter-
entwickelt, BddW 4. 8. 1995
Berth, Rolf
Erfolg, Düsseldorf 1993
Busch, Staehle, Wilfert
Handbuch der Leistungsbeurteilung, Verband der Metallindustrie Baden-Würt-
temberg e.v.
Buscher, Stefan
Von der Sozial- zur Kapitalpartnerschaft, management & seminar 2/97 S. 8 ff.
Brockhaus
Sprach-Brockhaus, F. A. Brockhaus Verlag 1940
Capra, Friedjof
Wendezeit, München 1998
Ederer, Günter und Peer
Das Erbe der Egoisten, München 1995
Hecking, Heinz
Verkaufssteigerung mit System, Stuttgart 1995
Hentze, Joachim
Personalwirtschaftslehre 1, Bern 1977
ders.
Personalwirtschaftslehre 2, Bern 1977
Herd/Bärtele
Markt und Mitarbeiter, Stuttgart 1996
Heuer, Georg C.
Projektmanagement, Würzburg 1979
Horovitz, Jaques
Service entscheidet, Frankfurt 1989, 3. Auflage 1990
Imai, Masaaki
Kaizen, München 1991, 2. Auflage 1992
Kirchmann, Edgar
Enge Kooperation, BddW 5. 8. 1996
Knevels, Ortlepp
Gratifikationen, Anwesenheits- und Treueprämien, Tantiemen, Berlin 1973
Korff, Ernst
Menschen beurteilen und Menschen führen, Heidelberg 1968
Kratz, Gerhard
Unternehmer im Unternehmen, BddW 9. 10. 1996
Krönung, Hans-Dieter
Die Bank der Zukunft, Wiesbaden 1996

Kruppa, Adolf
in: Personal, Osnabrücker Studien, Leserinitiative Publik Forum, Frankfurt 1979
Kucher, Eckhard
Kunden kaufen keine Technik, sondern Nutzen, BddW 23. 4. 96
Leonhardt, Walter
Personal- und Managemententwicklung, Heidelberg 1984
Likert, Rensis
Neue Ansätze der Unternehmungsführung, Bern 1972
Marzian, Sieghard
Fehler bei der Messung von Kundenzufriedenheit beheben, BddW 26. 3. 1996
ders.
Die Tücken der Kundenorientierung, BddW 10. 9. 1996
Mölder, Heinz (Hrsg.)
Innovationen umsetzen, Stuttgart 1996
Müller, Werner
Kaderentwicklung und Kaderplanung, Bern 1971
Münzberg, Harald
Kostenorientiertes Managen eines Bezirks, BddW 28. 8. 1996
ohne Verfasser
Arbeitsring Chemie, Arbeitsbewertung von Angestelltentätigkeiten, Heidelberg
1976
– " –
ifa Sozial-Kartei, P 54, 1 g
Raschke, Harald
Taschenbuch der Personalbeurteilung, Heidelberg 1974, 5. Auflage 1977
redaktionell
Der deutsche Anlagenbau verliert Geld in der Auftragsabwicklung, BddW 7. 6. 1996
– " –
Vorteile mit Qualitätsmanagement, BddW 19. 8. 1996
– " –
Kundenzufriedenheit wird in vielen Unternehmen nicht systematisch erfaßt,
BddW 15. 4. 1996
– " –
Erster nationaler Qualitätspreis, BddW 11. 9. 1996
– " –
Je zufriedener der Kunde, desto höher der Verdienst, BddW 1. 11. 1996
– " –
Abgehoben, manager magazin 6/1995, S. 208 ff.
– " –
Leistung ohne Lohn?, manager magazin 10/1996, S. 308 ff.
– " –
Gewinnbeteiligung erhöht die Produktivität der Unternehmen, BddW 21. 1. 1997
Scholl, Weller, Zeler
Viele strukturelle Defizite sind geblieben, BddW 12. 7. 1994
Schuhmacher, Bernd
Grundlagen zur Personalplanung, Heidelberg 1984
ders.
Personalplanung in der Praxis, Heidelberg 1984

Seifert, Hans
Gewußt wie, manager magazin 10/1996, S. 132 ff.
Simon, Fritz
Radikale Marktwirtschaft, Heidelberg 1992
Simon/Mengen
Wieviel Technik, wieviel Kundendienst, zu welchem Preis? BddW 9. 8. 1995
Stolz, Rainer
Der Nutzen für den Kunden entscheidet, BddW 19. 7. 1996
Teuchert, Ralph
Personalentwicklung und Beratung, Stuttgart 1997
Töpfer Armin, (Hrsg.)
Kundenzufriedenheit messen und steigern, Neuwied 1996
Töpfer/Mehdorn
Total Quality Management, Neuwied 1995, 4. Auflage 1995
Ulrich/Probst
Anleitung zum ganzheitlichen Denken und Handeln, Bern 1988
Veenema, Hilger
Anreize für den Innendienst, BddW 11. 6. 1996
Wagner, Peter
Kundenorientierung, der Königsweg zum Erfolg, Renningen-Malmsheim 1997
ders.
So belohnt man Kundenbindung, managerSeminare 10/1996, S. 92 ff.
ders.
Kundenorientierte Beurteilungs- und Entgeltsysteme, BddW 6. 9. 1996
ders.
Vom Lerntransfer zum Bildungscontrolling, Personalwirtschaft 9/96 S. 30 ff.
Weber, Max
Die protestantische Ethik und der Geist des Kapitalismus, Tübingen 1934
Witte/Nell-Breuning
Kirche – Arbeit – Kapital, Limburg 1985
Zander, Ernst
Gehaltsfestsetzung in Wirtschaft und Verwaltung, Heidelberg 1985

Reihe Recht, Wirtschaft, Finanzen
Abteilung Management

Ulrike Reisach
Bankunternehmensleitbilder und Führungsgrundsätze – Anspruch und
Wirklichkeit, ISBN 3-09-305 825-2, Artikel-Nr. 305 825 000
Ines Turbanisch (Hrsg.)
Effizienz in der Personalentwicklung, ISBN 3-09-305 837-6,
Artikel-Nr. 305 837 000
Heitmüller/Linneweh/Pächnatz
Führungskultur ganzheitlich entwickeln, 2. Aufl. 1996, ISBN 3-09-305 855-4,
Artikel-Nr. 305 845 000
Benölken/Winkelmann (Hrsg.)
Fusionsmanagement in der Kreditwirtschaft, ISBN 3-09-305 826-0,
Artikel-Nr. 305 826 000
Jens-Martin Jacobi
Kontinuierlich verbessern, 2. Aufl. 1997, ISBN 3-09-301 097-7,
Artikel-Nr. 305 848 000
Matthias Krause
Ordnung ohne Plan: Die informale Organisation in der Bank,
ISBN 3-09-305 844-9, Artikel-Nr. 305 844 000
Ralph Teuchert
Personalentwicklung und Beratung, ISBN 3-09-305 852-X, Artikel-Nr. 305 852 000
Klaus Rempe
Positives Mental-Training im Führungsalltag, ISBN 3-09-305 815-2,
Artikel-Nr. 305 815 000
Klaus Rempe
Neue Wege der Selbstmotivation, 3. Aufl. 1996, ISBN 3-09-305 810-4,
Artikel-Nr. 305 804 000
Günter Wiswede
Psychologie im Wirtschaftsleben. Geld, Kunden und Mitarbeiter aus psycholo-
gischer Sicht, 2. Aufl. 1997, ISBN 3-09-305 872-4, Artikel-Nr. 305 819 000
Müller/Guigas
Total Quality Banking, Artikel-Nr. 305 839 000 (Sonderausgabe für die
Sparkassenorganisation)
Körner, Schmidt et al.
Unternehmensentwicklung durch Informationstechnologie,
ISBN 3-09-305 843-0, Artikel-Nr. 305 843 000
Diedrich, Vogt et al.
Handbuch Qualitätsmanagement für Sparkassen und Banken,
ISBN 3-09-305 850-3, Artikel-Nr. 305 850 000
Jens-Martin Jacobi
Qualität im Wandel. Qualitätsmanagement als Führungs- und CI-Konzept,
2. Aufl. 1996, ISBN 3-09-305 914-7, Artikel-Nr. 305 813 000

Klaus Linneweh
Streßmanagement. Der erfolgreiche Umgang mit sich selbst,
ISBN 3-09-305 865-1, Artikel-Nr. 305 865 000
Heinz Mölder (Hrsg.)
Innovationen umsetzen. Erfolg durch Projektmanagement, ISBN 3-09-305 866-X,
Artikel-Nr. 305 866 000
Herd/Bärtele
Markt und Mitarbeiter. Teamorientierte Personalentwicklung im Bankgeschäft,
ISBN 3-09-305 867-8, Artikel-Nr. 305 867 000
Theo Waigel (Hrsg.)
Unsere Zukunft heißt Europa. Der Weg zur Wirtschafts- und Währungsunion,
Artikel-Nr. 305 875 000 (Sonderausgabe für die Sparkassen-Finanzgruppe)
Renker/Rudolph
Aufsteiger Ost. Mit ganzheitlichem Marketing zum Erfolg, ISBN 3-09-305 876-7,
Artikel-Nr. 305 874 000
Martin Körner (Hrsg.)
Die neuen Vertriebswege. Strukturwandel und Perspektiven,
Artikel-Nr. 305 873 000 (nur für Mitarbeiter der Sparkassen-Finanzgruppe)